W0191389

Novalis (eig. Friedrich Leopold Freiherr von Hardenberg), geboren am
2. Mai 1772 auf Gut Oberwiederstedt bei Mansfeld, ist am 25. März 1801
in Weißenfels gestorben.

Aphorismen sind für Novalis »Texte zum Denken«, »literarische
Sämereien«, »Bruchstücke des fortlaufenden Selbstgesprächs« in sich.
Richtunggebende Denkanstöße sollen sie sein. Anfangssätze für Gedanken, da nur das Unvollständige begriffen werden und uns weiterführen
kann. Unvollkommenheit als bewußtes Formprinzip, das dem Leser die
Möglichkeit läßt, den Denkakt des Verfassers in sich selbst schöpferisch
nachzuvollziehen und ihn weiter zu gestalten.

Die vorliegende Auswahl gibt ganz im Sinne von Novalis dem energisch mitdenkenden Leser einen auf die Fragmente und Aphorismen
konzentrierten Ausschnitt des aphoristischen Werks dieses Dichters. Einer Auswahl aus den von Novalis noch selbst veröffentlichten Fragmentsammlungen *Blütenstaub* und *Glauben und Liebe* folgen politische
Aphorismen, Teplitzer Fragmente, Aphorismen und Fragmente der Jahre
1798 bis 1800 und Aphorismen aus den Tagebuchaufzeichnungen.

insel taschenbuch 1434
Novalis
Aphorismen

NOVALIS
APHORISMEN

Herausgegeben von
Michael Brucker
Insel Verlag

insel taschenbuch 1434
Erste Auflage 1992
Originalausgabe
© Insel Verlag Frankfurt am Main und Leipzig 1992
Alle Rechte vorbehalten
Hinweise zu dieser Ausgabe am Schluß des Bandes
Vertrieb durch den Suhrkamp Taschenbuch Verlag
Umschlag nach Entwürfen von Willy Fleckhaus
Satz: LibroSatz, Kriftel
Druck: Nomos Verlagsgesellschaft, Baden-Baden
Printed in Germany

1 2 3 4 5 6 - 97 96 95 94 93 92

INHALT

APHORISMEN

I. BLÜTENSTAUB

Freunde, der Boden ist arm, wir müssen reichlichen Samen
Ausstreun, daß uns doch nur mäßige Ernten gedeihn.

1. Wir suchen überall das Unbedingte, und finden immer nur Dinge.

2. Die Bezeichnung durch Töne und Striche ist eine bewundernswürdige Abstraktion. Vier Buchstaben bezeichnen mir Gott; einige Striche eine Million Dinge. Wie leicht wird hier die Handhabung des Universums, wie anschaulich die Konzentrizität der Geisterwelt! Die Sprachlehre ist die Dynamik des Geisterreichs. Ein Kommandowort bewegt Armeen; das Wort Freiheit Nationen.

3. Der Weltstaat ist der Körper, den die schöne Welt, die gesellige Welt, beseelt. Er ist ihr notwendiges Organ.

4. Lehrjahre sind für den poetischen, akademische Jahre für den philosophischen Jünger. Akademie sollte ein durchaus philosophisches Institut sein: nur Eine Fakultät; die ganze Einrichtung zur Erregung und zweckmäßigen Übung der Denkkraft organisiert.

5. Lehrjahre im vorzüglichen Sinn sind die Lehrjahre der Kunst zu leben. Durch planmäßig geordnete Versuche lernt man ihre Grundsätze kennen und erhält die Fertigkeit nach ihnen beliebig zu verfahren.

6. Ganz begreifen werden wir uns nie, aber wir werden und können uns weit mehr, als begreifen.

7. Gewisse Hemmungen gleichen den Griffen eines Flötenspielers, der um verschiedene Töne hervorzubringen, bald diese bald jene Öffnung zuhält, und willkürliche Verkettungen stummer und tönender Öffnungen zu machen scheint.

8. Der Unterschied zwischen Wahn und Wahrheit liegt in der Differenz ihrer Lebensfunktionen. Der Wahn lebt von der Wahrheit; die Wahrheit lebt ihr Leben in sich. Man vernichtet den Wahn, wie man Krankheiten vernichtet, und der Wahn ist also nichts, als logische Entzündung oder Verlöschung, Schwärmerei oder Philisterei. Jene hinterläßt gewöhnlich einen scheinbaren Mangel an Denkkraft, der durch nichts zu heben ist, als eine abnehmbare Reihe von Inzitamenten, Zwangsmitteln. Diese geht oft in eine trügliche Lebhaftigkeit über, deren gefährliche Revolutionssymptome nur durch eine zunehmende Reihe gewaltsamer Mittel vertrieben werden können. Beide Dispositionen können nur durch chronische, streng befolgte Kuren verändert werden.

9. Unser sämtliches Wahrnehmungsvermögen gleicht dem Auge. Die Objekte müssen durch entgegengesetzte Media durch, um richtig auf der Pupille zu erscheinen.

10. Die Erfahrung ist die Probe des Rationalen, und so umgekehrt. Die Unzulänglichkeit der bloßen Theorie in der Anwendung, über die der Praktiker oft kommen-

tiert, findet sich gegenseitig in der rationalen Anwendung der bloßen Erfahrung, und wird von den echten Philosophen, jedoch mit Selbstbescheidung der Notwendigkeit dieses Erfolgs, vernehmlich genug bemerkt. Der Praktiker verwirft deshalb die bloße Theorie ganz, ohne zu ahnden, wie problematisch die Beantwortung der Frage sein dürfte: »Ob die Theorie für die Anwendung, oder die Anwendung um der Theorie willen sei?«

11. Das Höchste ist das Verständlichste, das Nächste, das Unentbehrlichste.

12. Wunder stehn mit naturgesetzlichen Wirkungen in Wechsel: sie beschränken einander gegenseitig, und machen zusammen ein Ganzes aus. Sie sind vereinigt, indem sie sich gegenseitig aufheben. Kein Wunder ohne Naturbegebenheit und umgekehrt.

13. Die Natur ist Feindin ewiger Besitzungen. Sie zerstört nach festen Gesetzen alle Zeichen des Eigentums, vertilgt alle Merkmale der Formation. Allen Geschlechtern gehört die Erde; jeder hat Anspruch auf alles. Die Frühern dürfen diesem Primogeniturzufalle keinen Vorzug verdanken. – Das Eigentumsrecht erlischt zu bestimmten Zeiten. Die Amelioration und Deterioration steht unter unabänderlichen Bedingungen. Wenn aber der Körper ein Eigentum ist, wodurch ich nur die Rechte eines aktiven Erdenbürgers erwerbe, so kann ich durch den Verlust dieses Eigentums nicht mich selbst einbüßen. Ich verliere nichts, als die Stelle in dieser Fürstenschule, und trete in eine höhere Kor-

poration, wohin mir meine geliebten Mitschüler nachfolgen.

14. Leben ist der Anfang des Todes. Das Leben ist um des Todes willen. Der Tod ist Endigung und Anfang zugleich, Scheidung und nähere Selbstverbindung zugleich. Durch den Tod wird die Reduktion vollendet.

15. Auch die Philosophie hat ihre Blüten. Das sind die Gedanken, von denen man immer nicht weiß, ob man sie schön oder witzig nennen soll.

16. Die Phantasie setzt die künftige Welt entweder in die Höhe, oder in die Tiefe, oder in der Metempsychose zu uns. Wir träumen von Reisen durch das Weltall: ist denn das Weltall nicht in uns? Die Tiefen unseres Geistes kennen wir nicht. – Nach Innen geht der geheimnisvolle Weg. In uns, oder nirgends ist die Ewigkeit mit ihren Welten, die Vergangenheit und Zukunft. Die Außenwelt ist die Schattenwelt, sie wirft ihren Schatten in das Lichtreich. Jetzt scheint es uns freilich innerlich so dunkel, einsam, gestaltlos, aber wie ganz anders wird es uns dünken, wenn diese Verfinsterung vorbei, und der Schattenkörper hinweggerückt ist. Wir werden mehr genießen als je, denn unser Geist hat entbehrt.

17. Darwin macht die Bemerkung, daß wir weniger vom Lichte beim Erwachen geblendet werden, wenn wir von sichtbaren Gegenständen geträumt haben. Wohl also denen, die hier schon von Sehen träumten! Sie werden früher die Glorie jener Welt ertragen können.

18. Wie kann ein Mensch Sinn für etwas haben, wenn er nicht den Keim davon in sich hat? Was ich verstehn soll, muß sich in mir organisch entwickeln; und was ich zu lernen scheine, ist nur Nahrung, Inzitament des Organismus.

19. Der Sitz der Seele ist da, wo sich Innenwelt und Außenwelt berühren. Wo sie sich durchdringen, ist er in jedem Punkte der Durchdringung.

20. Wenn man in der Mitteilung der Gedanken zwischen absolutem Verstehen und absolutem Nichtverstehen abwechselt, so darf das schon eine philosophische Freundschaft genannt werden. Geht es uns doch mit uns selbst nicht besser. Und ist das Leben eines denkenden Menschen wohl etwas andres als eine stete innere Symphilosophie?

21. Genie ist das Vermögen von eingebildeten Gegenständen, wie von wirklichen zu handeln, und sie auch wie diese zu behandeln. Das Talent darzustellen, genau zu beobachten, zweckmäßig die Beobachtung zu beschreiben, ist also vom Genie verschieden. Ohne dieses Talent sieht man nur halb, und ist nur ein halbes Genie; man kann genialische Anlage haben, die in Ermangelung jenes Talents nie zur Entwickelung kommt.

22. Das willkürlichste Vorurteil ist, daß dem Menschen das Vermögen außer sich zu sein, mit Bewußtsein jenseits der Sinne zu sein, versagt sei. Der Mensch vermag in jedem Augenblicke ein übersinnliches Wesen zu sein.

Ohne dies wäre er nicht Weltbürger, er wäre ein Tier. Freilich ist die Besonnenheit, Sichselbstfindung, in diesem Zustande sehr schwer, da er so unaufhörlich, so notwendig mit dem Wechsel unsrer übrigen Zustände verbunden ist. Je mehr wir uns aber dieses Zustandes bewußt zu sein vermögen, desto lebendiger, mächtiger, genügender ist die Überzeugung, die daraus entsteht; der Glaube an echte Offenbarungen des Geistes. Es ist kein Schauen, Hören, Fühlen; es ist aus allen dreien zusammengesetzt, mehr als alles Dreies: eine Empfindung unmittelbarer Gewißheit, eine Ansicht meines wahrhaftesten, eigensten Lebens. Die Gedanken verwandeln sich in Gesetze, die Wünsche in Erfüllungen. Für den Schwachen ist das Faktum dieses Moments ein Glaubensartikel. Auffallend wird die Erscheinung besonders beim Anblick mancher menschlichen Gestalten und Gesichter, vorzüglich bei der Erblickung mancher Augen, mancher Mienen, mancher Bewegungen, beim Hören gewisser Worte, beim Lesen gewisser Stellen, bei gewissen Hinsichten auf Leben, Welt und Schicksal. Sehr viele Zufälle, manche Naturereignisse, besonders Jahrs- und Tageszeiten, liefern uns solche Erfahrungen. Gewisse Stimmungen sind vorzüglich solchen Offenbarungen günstig. Die meisten sind augenblicklich, wenige verweilend, die wenigsten bleibend. Hier ist viel Unterschied zwischen den Menschen. Einer hat mehr Offenbarungsfähigkeit, als der andere. Einer hat mehr Sinn, der andere mehr Verstand für dieselbe. Der letzte wird immer in ihrem sanften Lichte bleiben, wenn der erste nur abwechselnde Erleuchtungen, aber hellere und mannigfaltigere hat. Dieses Vermögen ist ebenfalls

Krankheitsfähig, die entweder Überfluß an Sinn und Mangel an Verstand, oder Überfluß an Verstand und Mangel an Sinn bezeichnet.

23. Scham ist wohl ein Gefühl der Profanation. Freundschaft, Liebe und Pietät sollten geheimnisvoll behandelt werden. Man sollte nur in seltnen, vertrauten Momenten davon reden, sich stillschweigend darüber einverstehen. Vieles ist zu zart um gedacht, noch mehres um besprochen zu werden.

24. Selbstentäußerung ist die Quelle aller Erniedrigung, so wie im Gegenteil der Grund aller echten Erhebung. Der erste Schritt wird Blick nach Innen, absondernde Beschauung unsers Selbst. Wer hier stehn bleibt, gerät nur halb. Der zweite Schritt muß wirksamer Blick nach Außen, selbsttätige, gehaltne Beobachtung der Außenwelt sein.

25. Derjenige wird nie als Darsteller etwas vorzügliches leisten, der nichts weiter darstellen mag, als seine Erfahrungen, seine Lieblingsgegenstände, der es nicht über sich gewinnen kann, auch einen ganz fremden, ihm ganz uninteressanten Gegenstand, mit Fleiß zu studieren und mit Muße darzustellen. Der Darsteller muß alles darstellen können und wollen. Dadurch entsteht der große Stil der Darstellung, den man mit Recht an Goethe so sehr bewundert.

26. Hat man nun einmal die Liebhaberei fürs Absolute und kann nicht davon lassen: so bleibt einem kein Aus-

weg, als sich selbst immer zu widersprechen, und entgegengesetzte Extreme zu verbinden. Um den Satz des Widerspruchs ist es doch unvermeidlich geschehen, und man hat nur die Wahl, ob man sich dabei leidend verhalten will, oder ob man die Notwendigkeit durch Anerkennung zur freien Handlung adeln will.

27. Eine merkwürdige Eigenheit Goethe's bemerkt man in seinen Verknüpfungen kleiner, unbedeutender Vorfälle mit wichtigern Begebenheiten. Er scheint keine andre Absicht dabei zu hegen, als die Einbildungskraft auf eine poetische Weise mit einem mysteriösen Spiel zu beschäftigen. Auch hier ist der sonderbare Genius der Natur auf die Spur gekommen, und hat ihr einen artigen Kunstgriff abgemerkt. Das gewöhnliche Leben ist voll ähnlicher Zufälle. Sie machen ein Spiel aus, das wie alles Spiel auf Überraschung und Täuschung hinausläuft.

Mehre Sagen des gemeinen Lebens beruhn auf einer Bemerkung dieses verkehrten Zusammenhangs. So z. B. bedeuten böse Träume Glück; totsagen langes Leben; ein Hase, der über'n Weg läuft, Unglück. Fast der ganze Aberglaube des gemeinen Volks beruht auf Deutungen dieses Spiels.

28. Die höchste Aufgabe der Bildung ist, sich seines transzendentalen Selbst zu bemächtigen, das Ich seines Ich's zugleich zu sein. Um so weniger befremdlich ist der Mangel an vollständigem Sinn und Verstand für Andre. Ohne vollendetes Selbstverständnis wird man nie andere wahrhaft verstehn lernen.

29. Humor ist eine willkürlich angenommene Manier. Das Willkürliche ist das Pikante daran: Humor ist Resultat einer freien Vermischung des Bedingten und Unbedingten. Durch Humor wird das eigentümlich Bedingte allgemein interessant, und erhält objektiven Wert. Wo Phantasie und Urteilskraft sich berühren, entsteht Witz; wo sich Vernunft und Willkür paaren, Humor. Persiflage gehört zum Humor, ist aber um einen Grad geringer: es ist nicht mehr rein artistisch, und viel beschränkter. Was Fr. Schlegel als Ironie charakterisiert, ist meinem Bedünken nach nichts anders als die Folge, der Charakter der Besonnenheit, der wahrhaften Gegenwart des Geistes. Schlegels Ironie scheint mir echter Humor zu sein. Mehre Namen sind einer Idee vorteilhaft.

30. Das Unbedeutende, Gemeine, Rohe, Häßliche, Ungesittete, wird durch Witz allein Gesellschaftsfähig. Es ist gleichsam nur um des Witzes willen: seine Zweckbestimmung ist der Witz.

31. Um das Gemeine, wenn man nicht selbst gemein ist, mit der Kraft und mit der Leichtigkeit zu behandeln, aus der die Anmut entspringt, muß man nichts sonderbarer finden als das Gemeine, und Sinn fürs Sonderbare haben, viel darin suchen und ahnden. Auf die Art kann auch wohl ein Mensch, der in ganz andern Sphären lebt, gewöhnliche Naturen so befriedigen, daß sie gar kein Arg aus ihm haben, und ihn für nichts weiter halten, als was sie unter sich liebenswürdig nennen.

32. Wir sind auf einer Mission: zur Bildung der Erde sind wir berufen.

33. Wenn uns ein Geist erschiene, so würden wir uns sogleich unsrer eignen Geistigkeit bemächtigen: wir würden inspiriert sein durch uns und den Geist zugleich. Ohne Inspiration keine Geistererscheinung. Inspiration ist Erscheinung und Gegenerscheinung, Zueignung und Mitteilung zugleich.

34. Der Mensch lebt, wirkt nur in der Idee fort, durch die Erinnerung an sein Dasein. Vor der Hand gibts kein anderes Mittel der Geisterwirkungen auf dieser Welt. Daher ist es Pflicht an die Verstorbenen zu denken. Es ist der einzige Weg in Gemeinschaft mit ihnen zu bleiben. Gott selbst ist auf keine andere Weise bei uns wirksam als durch den Glauben.

35. Interesse ist Teilnahme an dem Leiden und der Tätigkeit eines Wesens. Mich interessiert etwas, wenn es mich zur Teilnahme zu erregen weiß. Kein Interesse ist interessanter, als was man an sich selbst nimmt; so wie der Grund einer merkwürdigen Freundschaft und Liebe die Teilnahme ist, zu der mich ein Mensch reizt, der mit sich selbst beschäftigt ist, der mich durch seine Mitteilung gleichsam einladet, an seinem Geschäfte Teil zu nehmen.

36. Wer den Witz erfunden haben mag? Jede zur Besinnung gebrachte Eigenschaft, Handlungsweise unsers Geistes ist im eigentlichsten Sinn eine neuentdeckte Welt.

37. Der Geist erscheint immer nur in fremder, luftiger Gestalt.

38. Jetzt regt sich nur hie und da Geist: wann wird der Geist sich im Ganzen regen? Wann wird die Menschheit in Masse sich selbst zu besinnen anfangen?

39. Der Mensch besteht in der Wahrheit. Gibt er die Wahrheit preis, so gibt er sich selbst preis. Wer die Wahrheit verrät, verrät sich selbst. Es ist hier nicht die Rede vom Lügen, sondern vom Handeln gegen Überzeugung.

40. In heitern Seelen gibts keinen Witz. Witz zeigt ein gestörtes Gleichgewicht an: er ist die Folge der Störung und zugleich das Mittel der Herstellung. Den stärksten Witz hat die Leidenschaft. Der Zustand der Auflösung aller Verhältnisse, die Verzweiflung oder das geistige Sterben ist am fürchterlichsten witzig.

41. Von einem liebenswerten Gegenstande können wir nicht genug hören, nicht genug sprechen. Wir freuen uns über jedes neue, treffende, verherrlichende Wort. Es liegt nicht an uns, daß er nicht Gegenstand aller Gegenstände wird.

42. Wir halten einen leblosen Stoff wegen seiner Beziehungen, seiner Formen fest. Wir lieben den Stoff, insofern er zu einem geliebten Wesen gehört, seine Spur trägt, oder Ähnlichkeit mit ihm hat.

43. Ein echter Klub ist eine Mischung von Institut und Gesellschaft. Er hat einen Zweck, wie das Institut; aber keinen bestimmten, sondern einen unbestimmten, freien: Humanität überhaupt. Aller Zweck ist ernsthaft; die Gesellschaft ist durchaus fröhlich.

44. Die Gegenstände der gesellschaftlichen Unterhaltung sind nichts, als Mittel der Belebung. Dies bestimmt ihre Wahl, ihren Wechsel, ihre Behandlung. Die Gesellschaft ist nichts, als gemeinschaftliches Leben: eine unteilbare denkende und fühlende Person. Jeder Mensch ist eine kleine Gesellschaft.

45. In sich zurückgehn, bedeutet bei uns, von der Außenwelt abstrahieren. Bei den Geistern heißt analogisch, das irdische Leben eine innere Betrachtung, ein in sich Hineingehn, ein immanentes Wirken. So entspringt das irdische Leben aus einer ursprünglichen Reflexion, einem primitiven Hineingehn, Sammeln in sich selbst, das so frei ist, als unsre Reflexion. Umgekehrt entspringt das geistige Leben in dieser Welt aus einem Druchbrechen jener primitiven Reflexion. Der Geist entfaltet sich wiederum, geht aus sich selbst wieder heraus, hebt zum Teil jene Reflexion wieder auf, und in diesem Moment sagt er zum erstenmal Ich. Man sieht hier, wie relativ das Herausgehn und Hineingehn ist. Was wir Hineingehn nennen, ist eigentlich Herausgehn, eine Wiederannahme der anfänglichen Gestalt.

46. Ob sich nicht etwas für die neuerdings so sehr gemißhandelten Alltagsmenschen sagen ließe? Gehört

nicht zur beharrlichen Mittelmäßigkeit die meiste Kraft? und soll der Mensch mehr als einer aus dem Popolo sein?

47. Wo echter Hang zum Nachdenken, nicht bloß zum Denken dieses oder jenes Gedankens, herrschend ist, da ist auch Progressivität. Sehr viele Gelehrte besitzen diesen Hang nicht. Sie haben schließen und folgern gelernt, wie ein Schuster das Schuhmachen, ohne je auf den Einfall zu geraten, oder sich zu bemühen, den Grund der Gedanken zu finden. Dennoch liegt das Heil auf keinem andern Wege. Bei vielen währt dieser Hang nur eine Zeitlang. Er wächst und nimmt ab, sehr oft mit den Jahren, oft mit dem Fund eines Systems, das sie nur suchten, um der Mühe des Nachdenkens ferner überhoben zu sein.

48. Irrtum und Vorurteil sind Lasten, indirekt reizende Mittel für den Selbsttätigen, jeder Last gewachsenen. Für den Schwachen sind sie positiv schwächende Mittel.

49. Das Volk ist eine Idee. Wir sollen ein Volk werden. Ein vollkommener Mensch ist ein kleines Volk. Echte Popularität ist das höchste Ziel des Menschen.

50. Jede Stufe der Bildung fängt mit Kindheit an. Daher ist der am meisten gebildete, irdische Mensch dem Kinde so ähnlich.

51. Jeder geliebte Gegenstand ist der Mittelpunkt eines Paradieses.

52. Das Interessante ist, was mich, nicht um mein selbst willen, sondern nur als Mittel, als Glied, in Bewegung setzt. Das Klassische stört mich gar nicht; es affiziert mich nur indirekt durch mich selbst. Es ist nicht für mich da, als klassisch, wenn ich es nicht setze, als ein solches, das mich nicht affizieren würde, wenn ich mich nicht selbst zur Hervorbringung desselben für mich, bestimmte, anregte; wenn ich nicht ein Stück von mir selbst losrisse, und diesen Keim sich auf eine eigentümliche Weise vor meinen Augen entwickeln ließe. Eine Entwicklung, die oft nur einen Moment bedarf, und mit der sinnlichen Wahrnehmung des Objekts zusammen fällt, so daß ich ein Objekt vor mir sehe, in welchem das gemeine Objekt und das Ideal, wechselseitig durchdrungen, nur Ein wunderbares Individuum bilden.

53. Formeln für Kunstindividuen finden, durch die sie im eigentlichsten Sinn erst verstanden werden, macht das Geschäft des artistischen Kritikers aus, dessen Arbeiten die Geschichte der Kunst vorbereiten.

54. Je verworrener ein Mensch ist, man nennt die Verworrenen oft Dummköpfe, desto mehr kann durch fleißiges Selbststudium aus ihm werden; dahingegen die geordneten Köpfe trachten müssen, wahre Gelehrte, gründliche Enzyklopädisten zu werden. Die Verworrenen haben im Anfang mit mächtigen Hindernissen zu kämpfen, sie dringen nur langsam ein, sie lernen mit Mühe arbeiten: dann aber sind sie auch Herrn und Meister auf immer. Der Geordnete kommt geschwind hinein, aber auch geschwind heraus. Er erreicht bald die

zweite Stufe: aber da bleibt er auch gewöhnlich stehn. Ihm werden die letzten Schritte beschwerlich, und selten kann er es über sich gewinnen, schon bei einem gewissen Grade von Meisterschaft sich wieder in den Zustand eines Anfängers zu versetzen. Verworrenheit deutet auf Überfluß an Kraft und Vermögen, aber mangelhafte Verhältnisse; Bestimmtheit, auf richtige Verhältnisse, aber sparsames Vermögen und Kraft. Daher ist der Verworrne so progressiv, so perfektibel, dahingegen der Ordentliche so früh als Philister aufhört. Ordnung und Bestimmtheit allein ist nicht Deutlichkeit. Durch Selbstbearbeitung kommt der Verworrene zu jener himmlischen Durchsichtigkeit, zu jener Selbsterleuchtung, die der Geordnete so selten erreicht. Das wahre Genie verbindet diese Extreme. Es teilt die Geschwindigkeit mit dem letzten und die Fülle mit dem ersten.

55. Das Individuum interessiert nur, daher ist alles Klassische nicht individuell.

56. Der wahre Brief ist seiner Natur nach poetisch.

57. Witz, als Prinzip der Verwandtschaften ist zugleich das *menstruum universale*. Witzige Vermischungen sind z. B. Jude und Kosmopolit, Kindheit und Weisheit, Räuberei und Edelmut, Tugend und Hetärie, Überfluß und Mangel an Urteilskraft in der Naivität und so fort ins Unendliche.

58. Der Mensch erscheint am würdigsten, wenn sein erster Eindruck der Eindruck eines absolut witzigen

Einfalls ist: nämlich Geist und bestimmtes Individuum zugleich zu sein. Einen jeden vorzüglichen Menschen muß gleichsam ein Geist zu durchschweben scheinen, der die sichtbare Erscheinung idealisch parodiert. Bei manchen Menschen ist es als ob dieser Geist der sichtbaren Erscheinung ein Gesicht schnitte.

59. Gesellschaftstrieb ist Organisationstrieb. Durch diese geistige Assimilation entsteht oft aus gemeinen Bestandteilen eine gute Gesellschaft um einen geistvollen Menschen her.

60. Das Interessante ist die Materie, die sich um die Schönheit bewegt. Wo Geist und Schönheit ist, häuft sich in konzentrischen Schwingungen das Beste aller Naturen.

61. Der Deutsche ist lange das Hänschen gewesen. Er dürfte aber wohl bald der Hans aller Hänse werden. Es geht ihm, wie es vielen dummen Kindern gehn soll: er wird leben und klug sein, wenn seine frühklugen Geschwister längst vermodert sind, und er nun allein Herr im Hause ist.

62. Das beste an den Wissenschaften ist ihr philosophisches Ingrediens, wie das Leben am organischen Körper. Man dephilosophierte die Wissenschaften: was bleibt übrig? Erde, Luft und Wasser.

63. Menschheit ist eine humoristische Rolle.

64. Unsere alte Nationalität war, wie mich dünkt, echt römisch. Natürlich, weil wir auf eben dem Wege wie die Römer entstanden; und so wäre der Name Römisches Reich wahrlich ein artiger, sinnreicher Zufall. Deutschland ist Rom, als Land. Ein Land ist ein großer Ort mit seinen Gärten. Das Kapitol ließe sich vielleicht nach dem Gänsegeschrei vor den Galliern bestimmen. Die instinktartige Universalpolitik und Tendenz der Römer liegt auch im Deutschen Volk. Das Beste, was die Franzosen in der Revolution gewonnen haben, ist eine Portion Deutschheit.

65. Gerichtshöfe, Theater, Hof, Kirche, Regierung, öffentliche Zusammenkünfte, Akademien, Kollegien u. s. w. sind gleichsam die speziellen, innern Organe des mystischen Staatsindividuums.

66. Alle Zufälle unsers Lebens sind Materialien, aus denen wir machen können, was wir wollen. Wer viel Geist hat, macht viel aus seinem Leben. Jede Bekanntschaft, jeder Vorfall, wäre für den durchaus Geistigen erstes Glied einer unendlichen Reihe, Anfang eines unendlichen Romans.

67. Der edle Kaufmannsgeist, der echte Großhandel, hat nur im Mittelalter und besonders zur Zeit der deutschen Hanse geblüht. Die Medicis, die Fugger waren Kaufleute, wie sie sein sollten. Unsere Kaufleute im Ganzen, die größten nicht ausgenommen, sind nichts als Krämer.

68. Eine Übersetzung ist entweder grammatisch, oder verändernd, oder mythisch. Mythische Übersetzungen sind Übersetzungen im höchsten Stil. Sie stellen den reinen, vollendeten Charakter des individuellen Kunstwerks dar. Sie geben uns nicht das wirkliche Kunstwerk, sondern das Ideal desselben. Noch existiert wie ich glaube, kein ganzes Muster derselben. Im Geist mancher Kritiken und Beschreibungen von Kunstwerken trifft man aber helle Spuren davon. Es gehört ein Kopf dazu, in dem sich poetischer Geist und philosophischer Geist in ihrer ganzen Fülle durchdrungen haben. Die griechische Mythologie ist zum Teil eine solche Übersetzung einer Nationalreligion. Auch die moderne Madonna ist ein solcher Mythus.

Grammatische Übersetzungen sind die Übersetzungen im gewöhnlichen Sinn. Sie erfordern sehr viel Gelehrsamkeit, aber nur diskursive Fähigkeiten.

Zu den verändernden Übersetzungen gehört, wenn sie echt sein sollen, der höchste poetische Geist. Sie fallen leicht ins Travestieren, wie Bürgers Homer in Jamben, Popens Homer, die Französischen Übersetzungen insgesamt. Der wahre Übersetzer dieser Art muß in der Tat der Künstler selbst sein, und die Idee des Ganzen beliebig so oder so geben können. Er muß der Dichter des Dichters sein und ihn also nach seiner und des Dichters eigner Idee zugleich reden lassen können. In einem ähnlichen Verhältnisse steht der Genius der Menschheit mit jedem einzelnen Menschen.

Nicht bloß Bücher, alles kann auf diese drei Arten übersetzt werden.

69. Im höchsten Schmerz tritt zuweilen eine Paralysis der Empfindsamkeit ein. Die Seele zersetzt sich. Daher der tödliche Frost, die freie Denkkraft, der schmetternde unaufhörliche Witz dieser Art von Verzweiflung. Keine Neigung ist mehr vorhanden; der Mensch steht wie eine verderbliche Macht allein. Unverbunden mit der übrigen Welt verzehrt er sich allmählig selbst, und ist seinem Prinzip nach Misanthrop und Misotheos.

70. Unsere Sprache ist entweder mechanisch, atomistisch, oder dynamisch. Die echt poetische Sprache soll aber organisch, lebendig sein. Wie oft fühlt man die Armut an Worten, um mehre Ideen mit Einem Schlage zu treffen.

71. Dichter und Priester waren im Anfang Eins, und nur spätere Zeiten haben sie getrennt. Der echte Dichter ist aber immer Priester, so wie der echte Priester immer Dichter geblieben. Und sollte nicht die Zukunft den alten Zustand der Dinge wieder herbeiführen?

72. Schriften sind die Gedanken des Staats, die Archive sein Gedächtnis.

73. Je mehr sich unsere Sinne verfeinern, desto fähiger werden sie zur Unterscheidung der Individuen. Der höchste Sinn wäre die höchste Empfänglichkeit für eigentümliche Natur. Ihm entspräche das Talent der Fixierung des Individuums, dessen Fertigkeit und Energie relativ ist. Wenn der Wille sich in Beziehung auf diesen Sinn äußert, so entstehn die Leidenschaften für

oder gegen Individualitäten: Liebe und Haß. Die Meisterschaft im Spiel seiner eignen Rolle verdankt man der Richtung dieses Sinns auf sich selbst bei herrschender Vernunft.

74. Nichts ist zur wahren Religiosität unentbehrlicher als ein Mittelglied, das uns mit der Gottheit verbindet. Unmittelbar kann der Mensch schlechterdings nicht mit derselben in Verhältnis stehn. In der Wahl dieses Mittelglieds muß der Mensch durchaus frei sein. Der mindeste Zwang hierin schadet seiner Religion. Die Wahl ist charakteristisch, und es werden mithin die gebildeten Menschen ziemlich gleiche Mittelglieder wählen, dahingegen der Ungebildete gewöhnlich durch Zufall hier bestimmt werden wird. Da aber so wenig Menschen einer freien Wahl überhaupt fähig sind, so werden manche Mittelglieder allgemeiner werden; sei es durch Zufall, durch Assoziation, oder ihre besondre Schicklichkeit dazu. Auf diese Art entstehn Landesreligionen. Je selbständiger der Mensch wird, desto mehr vermindert sich die Quantität des Mittelglieds, die Qualität verfeinert sich, und seine Verhältnisse zu demselben werden mannigfaltiger und gebildeter: Fetische, Gestirne, Tiere, Helden, Götzen, Götter, Ein Gottmensch. Man sieht bald, wie relativ diese Wahlen sind, und wird unvermerkt auf die Idee getrieben, daß das Wesen der Religion wohl nicht von der Beschaffenheit des Mittlers abhänge, sondern lediglich in der Ansicht desselben, in den Verhältnissen zu ihm bestehe.

Es ist ein Götzendienst im weitern Sinn, wenn ich diesen Mittler in der Tat für Gott selbst ansehe. Es ist

Irreligion, wenn ich gar keinen Mittler annehme; und insofern ist Aberglaube und Götzendienst, und Unglaube oder Theismus, den man auch ältern Judaism nennen kann, beides Irreligion. Hingegen ist Atheism nur Negation aller Religion überhaupt, und hat also gar nichts mit der Religion zu schaffen. Wahre Religion ist, die jenen Mittler als Mittler annimmt, ihn gleichsam für das Organ der Gottheit hält, für ihre sinnliche Erscheinung. In dieser Hinsicht erhielten die Juden zur Zeit der Babylonischen Gefangenschaft eine echt religiöse Tendenz, eine religiöse Hoffnung, einen Glauben an eine künftige Religion, der sie auf eine wunderbare Weise von Grund aus umwandelte, und sie in der merkwürdigsten Beständigkeit bis auf unsre Zeiten erhielt.

Die wahre Religion scheint aber bei einer nähern Betrachtung abermals antinomisch geteilt in Pantheismus und Monotheismus. Ich bediene mich hier einer Lizenz, indem ich Pantheism nicht im gewöhnlichen Sinn nehme, sondern darunter die Idee verstehe, daß alles Organ der Gottheit, Mittler sein könne, indem ich es dazu erhebe so wie Monotheism im Gegenteil den Glauben bezeichnet, daß es nur Ein solches Organ in der Welt für uns gebe, das allein der Idee eines Mittlers angemessen sei, und wodurch Gott allein sich vernehmen lasse, welches ich also zu wählen durch mich selbst genötigt werde: denn ohnedem würde der Monotheism nicht wahre Religion sein.

So unverträglich auch beide zu sein scheinen, so läßt sich doch ihre Vereinigung bewerkstelligen, wenn man den monotheistischen Mittler zum Mittler der Mittelwelt des Pantheism macht, und diese gleichsam durch ihn zentriert, so daß beide einander jedoch auf verschiedene Weise notwendig machen.

Das Gebet, oder der religiöse Gedanke besteht also aus einer dreifach aufsteigenden, unteilbaren Abstraktion oder Setzung. Jeder Gegenstand kann dem Religiösen ein Tempel im Sinn der Auguren sein. Der Geist dieses Tempels ist der allgegenwärtige Hohepriester, der monotheistische Mittler, welcher allein im unmittelbaren Verhältnisse mit der Gottheit steht.

75. Die Basis aller ewigen Verbindung ist eine absolute Tendenz nach allen Richtungen. Darauf beruht die Macht der Hierarchie, der echten Maçonnerie, und des unsichtbaren Bundes echter Denker. Hierin liegt die Möglichkeit einer Universalrepublik, welche die Römer bis zu den Kaisern zu realisieren begonnen hatten. Zuerst verließ August diese Basis, und Hadrian zerstörte sie ganz.

76. Fast immer hat man den Anführer, den ersten Beamten des Staats, mit dem Repräsentanten des Genius der Menschheit vermengt, der zur Einheit der Gesellschaft oder des Volks gehört. Im Staat ist alles Schauhandlung, das Leben des Volks ist Schauspiel; mithin muß auch der Geist des Volks sichtbar sein. Dieser sichtbare Geist kommt entweder, wie im tausendjährigen Reiche, ohne unser Zutun, oder er wird einstimmig durch ein lautes oder stilles Einverständnis gewählt.

Es ist eine unwidersprechliche Tatsache, daß die meisten Fürsten nicht eigentlich Fürsten, sondern gewöhnlich mehr oder minder eine Art von Repräsentanten des Genius ihrer Zeit waren, und die Regierung mehrenteils, wie billig, in subalternen Händen sich befand.

Ein vollkommner Repräsentant des Genius der Menschheit dürfte leicht der echte Priester und der Dichter κατ' εξοχην sein.

77. Unser Alltagsleben besteht aus lauter erhaltenden, immer wiederkehrenden Verrichtungen. Dieser Zirkel von Gewohnheiten ist nur Mittel zu einem Hauptmittel, unserm irdischen Dasein überhaupt, das aus mannigfaltigen Arten zu existieren gemischt ist.

Philister leben nur ein Alltagsleben. Das Hauptmittel scheint ihr einziger Zweck zu sein. Sie tun das alles, um des irdischen Lebens willen; wie es scheint und nach ihren eignen Äußerungen scheinen muß. Poesie mischen sie nur zur Notdurft unter, weil sie nun einmal an eine gewisse Unterbrechung ihres täglichen Laufs gewöhnt sind. In der Regel erfolgt diese Unterbrechung alle sieben Tage, und könnte ein poetisches Septanfieber heißen. Sonntags ruht die Arbeit, sie leben ein bißchen besser als gewöhnlich und dieser Sonntagsrausch endigt sich mit einem etwas tiefern Schlafe als sonst; daher auch Montags alles noch einen raschern Gang hat. Ihre parties de plaisir müssen konventionell, gewöhnlich, modisch sein, aber auch ihr Vergnügen verarbeiten sie, wie alles, mühsam und förmlich.

Den höchsten Grad seines poetischen Daseins erreicht der Philister bei einer Reise, Hochzeit, Kindtaufe, und in der Kirche. Hier werden seine kühnsten Wünsche befriedigt, und oft übertroffen.

Ihre sogenannte Religion wirkt bloß wie ein Opiat: reizend, betäubend, Schmerzen aus Schwäche stillend. Ihre Früh- und Abendgebete sind ihnen, wie Frühstück und Abendbrot, notwendig. Sie können's nicht mehr lassen. Der derbe Philister stellt sich die Freuden des Himmels unter dem Bilde einer Kirmeß, einer Hochzeit, einer Reise oder eines Balls vor: der sublimierte macht aus dem Himmel eine prächtige Kirche mit schöner Musik, vielem Gepränge, mit Stühlen für das gemeine Volk parterre, und Kapellen und Emporkirchen für die Vornehmern.

Die schlechtesten unter ihnen sind die revolutionären Philister, wozu auch der Hefen der fortgehenden Köpfe, die habsüchtige Rasse gehört.

Grober Eigennutz ist das notwendige Resultat armseliger Beschränktheit. Die gegenwärtige Sensation ist die lebhafteste, die höchste eines Jämmerlings. Über diese kennt er nichts höheres. Kein Wunder, daß der durch die äußern Verhältnisse par force dressierte Verstand nur der listige Sklav eines solchen stumpfen Herrn ist, und nur für dessen Lüste sinnt und sorgt.

78. In den ersten Zeiten der Entdeckung der Urteilskraft war jedes neue Urteil ein Fund. Der Wert dieses Fundes stieg, je anwendbarer, je fruchtbarer dieses Urteil war. Zu Sentenzen, die uns jetzt sehr gemein vorkommen, gehörte damals noch ein ungewöhnlicher Grad von Leben des Verstandes. Man mußte Genie und Scharfsinn aufbieten, um mittelst des neuen Werkzeugs neue Verhältnisse zu finden. Die Anwendung desselben

auf die eigentümlichsten, interessantesten und allge-
meinsten Seiten der Menschheit mußte vorzügliche
Bewunderung erregen und die Aufmerksamkeit aller
guten Köpfe auf sich ziehn. So entstanden die gnomi-
schen Massen, die man zu allen Zeiten und bei allen
Völkern so hoch geschätzt hat. Es wäre leicht möglich,
daß unsere jetzigen genialischen Entdeckungen im Lau-
fe der Zeiten ein ähnliches Schicksal träfe. Es könnte
leicht eine Zeit kommen, wo das alles so gemein wäre,
wie jetzt Sittensprüche, und neue, erhabenere Entdek-
kungen den rastlosen Geist der Menschen beschäftigten.

79. Ein Gesetz ist seinem Begriffe nach wirksam. Ein
unwirksames Gesetz ist kein Gesetz. Gesetz ist ein kau-
saler Begriff, Mischung von Kraft und Gedanken. Daher ist man sich nie eines Gesetzes, als solchen, bewußt.
Insofern man an ein Gesetz denkt, ist es nur ein Satz,
d. h. ein Gedanke mit einem Vermögen verbunden. Ein
widerstehender, ein beharrlicher Gedanke, ist ein stre-
bender Gedanke und vermittelt das Gesetz und den
bloßen Gedanken.

80. Eine allzugroße Dienstfertigkeit der Organe würde
dem irdischen Dasein gefährlich sein. Der Geist in seinem jetzigen Zustande würde eine zerstörende Anwendung davon machen. Eine gewisse Schwere des Organs
hindert ihn an allzuwillkürlicher Tätigkeit, und reizt
ihn zu einer regelmäßigen Mitwirkung, wie sie sich für
die irdische Welt schickt. Es ist unvollkommener Zustand desselben, daß ihn diese Mitwirkung so aus-

schließlich an diese Welt bindet. Daher ist sie ihrem Prinzip nach terminiert.

81. Die Rechtslehre entspricht der Physiologie, die Moral der Psychologie. Die Vernunftgesetze der Rechts- und Sittenlehre in Naturgesetze verwandelt, geben die Grundsätze der Physiologie und Psychologie.

82. Flucht des Gemeingeistes ist Tod.

83. In den meisten Religionssystemen werden wir als Glieder der Gottheit betrachtet, die, wenn sie nicht den Impulsionen des Ganzen gehorchen wenn sie auch nicht absichtlich gegen die Gesetze des Ganzen agieren, sondern nur ihren eignen Gang gehn und nicht Glieder sein wollen, von der Gottheit ärztlich behandelt, und entweder schmerzhaft geheilt, oder gar abgeschnitten werden.

84. Jede spezifische Inzikation verrät einen spezifischen Sinn. Je neuer sie ist, desto plumper, aber desto stärker; je bestimmter, je ausgebildeter, mannigfacher sie wird, desto schwächer. So erregte der erste Gedanke an Gott eine gewaltsame Emotion im ganzen Individuum; so die erste Idee von Philosophie, von Menschheit, Weltall, u. s. w.

85. Innigste Gemeinschaft aller Kenntnisse, szientifische Republik, ist der hohe Zweck der Gelehrten.

86. Sollte nicht die Distanz einer besondern Wissenschaft von der allgemeinen, und so der Rang der Wissenschaften untereinander, nach der Zahl ihrer Grundsätze zu rechnen sein? Je weniger Grundsätze, desto höher die Wissenschaft.

87. Man versteht das Künstliche gewöhnlich besser, als das Natürliche. Es gehört mehr Geist zum Einfachen, als zum Komplizierten, aber weniger Talent.

88. Werkzeuge armieren den Menschen. Man kann wohl sagen, der Mensch versteht eine Welt hervorzubringen, es mangelt ihm nur am gehörigen Apparat, an der verhältnismäßigen Armatur seiner Sinneswerkzeuge. Der Anfang ist da. So liegt das Prinzip eines Kriegsschiffes in der Idee des Schiffbaumeisters, der durch Menschenhaufen und gehörige Werkzeuge und Materialien diesen Gedanken zu verkörpern vermag, indem er durch alles dieses sich gleichsam zu einer ungeheuren Maschine macht. So erforderte die Idee eines Augenblicks oft ungeheure Organe, ungeheure Massen von Materien, und der Mensch ist also, wo nicht actu, doch potentia Schöpfer.

89. In jeder Berührung einsteht eine Substanz, deren Wirkung so lange, als die Berührung dauert. Dies ist der Grund aller synthetischen Modifikationen des Individuums. Es gibt aber einseitige und wechselseitige Berührungen. Jene begründen diese.

90. Je unwissender man von Natur ist, desto mehr Kapazität für das Wissen. Jede neue Erkenntnis macht einen viel tiefern, lebendigern Eindruck. Man bemerkt dieses deutlich beim Eintritt in eine Wissenschaft. Daher verliert man durch zu vieles Studieren an Kapazität. Es ist eine der ersten Unwissenheit entgegengesetzte Unwissenheit. Jene ist Unwissenheit aus Mangel, diese aus Überfluß der Erkenntnisse. Letztere pflegt die Symptome des Skeptizismus zu haben. Es ist aber ein unechter Skeptizismus, aus indirekter Schwäche unsers Erkenntnisvermögens. Man ist nicht im Stande die Masse zu durchdringen, und sie in bestimmter Gestalt vollkommen zu beleben: die plastische Kraft reicht nicht zu. So wird der Erfindungsgeist junger Köpfe und der Schwärmer, so wie der glückliche Griff des geistvollen Anfängers oder Laien leicht erklärbar.

91. Welten bauen genügt dem tiefer dringenden Sinn
     nicht:
Aber ein liebendes Herz sättigt den strebenden
     Geist.

92. Wir stehen in Verhältnissen mit allen Teilen des Universums, so wie mit Zukunft und Vorzeit. Es hängt nur von der Richtung und Dauer unsrer Aufmerksamkeit ab, welches Verhältnis wir vorzüglich ausbilden wollen, welches für uns vorzüglich wichtig, und wirksam werden soll. Eine echte Methodik dieses Verfahrens dürfte nichts weniger, als jene längstgewünschte Erfindungskunst sein; es dürfte wohl mehr noch, als diese sein. Der Mensch verfährt stündlich nach ihren Geset-

zen und die Möglichkeit dieselben durch genialische Selbstbeobachtung zu finden ist unzweifelhaft.

93. Der Geschichtschreiber organisiert historische Wesen. Die Data der Geschichte sind die Masse, der der Geschichtschreiber Form gibt, durch Belebung. Mithin steht auch die Geschichte unter den Grundsätzen der Belebung und Organisation überhaupt, und bevor nicht diese Grundsätze da sind, gibt es auch keine echten historischen Kunstgebilde, sondern nichts als hie und da Spuren zufälliger Belebungen, wo unwillkürliches Genie gewaltet hat.

94. Beinah alles Genie war bisher einseitig, Resultat einer krankhaften Konstitution. Die eine Klasse hatte zu viel äußern, die andere zu viel innern Sinn. Selten gelang der Natur ein Gleichgewicht zwischen beiden, eine vollendete genialische Konstitution. Durch Zufälle entstand oft eine vollkommene Proportion, aber nie konnte diese von Dauer sein, weil sie nicht durch den Geist aufgefaßt und fixiert ward: es blieb bei glücklichen Augenblicken. Das erste Genie, das sich selbst durchdrang, fand hier den typischen Keim einer unermeßlichen Welt; es machte eine Entdeckung, die die merkwürdigste in der Weltgeschichte sein mußte, denn es beginnt damit eine ganz neue Epoche der Menschheit, und auf dieser Stufe wird erst wahre Geschichte aller Art möglich: denn der Weg, der bisher zurückgelegt wurde, macht nun ein eignes, durchaus erklärbares Ganzes aus. Jene Stelle außer der Welt ist gegeben, und Archimedes kann nun sein Versprechen erfüllen.

95. Vor der Abstraktion ist alles eins, aber eins wie Chaos; nach der Abstraktion ist wieder alles vereinigt, aber diese Vereinigung ist eine freie Verbindung selbständiger, selbstbestimmter Wesen. Aus einem Haufen ist eine Gesellschaft geworden, das Chaos ist in eine mannigfaltige Welt verwandelt.

96. Wenn die Welt gleichsam ein Niederschlag aus der Menschennatur ist, so ist die Götterwelt eine Sublimation derselben.

Beide geschehen uno actu. Keine Präzipitation ohne Sublimation. Was dort an Agilität verloren geht, wird hier gewonnen.

97. Wo Kinder sind, da ist ein goldnes Zeitalter.

98. Sicherheit vor sich selbst und den unsichtbaren Mächten, war die Basis der bisherigen geistlichen Staaten.

99. Der Gang der Approximation ist aus zunehmenden Progressen und Regressen zusammengesetzt. Beide retardieren, beide beschleunigen, beide führen zum Ziel. So scheint sich im Roman der Dichter bald dem Spiel zu nähern, bald wieder zu entfernen, und nie ist es näher, als wenn es am entferntesten zu sein scheint.

100. Ein Verbrecher kann sich über Unrecht nicht beklagen, wenn man ihn hart und unmenschlich behandelt. Sein Verbrechen war ein Eintritt ins Reich der Gewalt, der Tyrannei. Maß und Proportion gibt es nicht

in dieser Welt, daher darf ihn die Unverhältnismäßig-
keit der Gegenwirkung nicht befremden.

101. Die Fabellehre enthält die Geschichte der urbild-
lichen Welt, sie begreift Vorzeit, Gegenwart und Zukunft.

102. Wenn der Geist heiligt, so ist jedes echte Buch
Bibel. Aber nur selten wird ein Buch um des Buchs
willen geschrieben, und wenn Geist gleich edlem Metall ist, so sind die meisten Bücher Ephraimiten. Freilich
muß jedes nützliche Buch wenigstens stark legiert sein.
Rein ist das edle Metall in Handel und Wandel nicht zu
gebrauchen. Vielen wahren Büchern geht es wie den
Goldklumpen in Irland. Sie dienen lange Jahre nur als
Gewichte.

103. Manche Bücher sind länger als sie scheinen. Sie
haben in der Tat kein Ende. Die Langeweile die sie
erregen, ist wahrhaft absolut und unendlich. Muster-
hafte Beispiele dieser Art haben die Herren Heiden-
reich, Jacob, Abicht und Politz aufgestellt. Hier ist ein
Stock, den jeder mit seinen Bekannten der Art vergrö-
ßern kann.

104. Es sind viele antirevolutionäre Bücher für die Revolution geschrieben worden. Burke hat aber ein revo-
lutionäres Buch gegen die Revolution geschrieben.

105. Die meisten Beobachter der Revolution, besonders
die Klugen und Vornehmen, haben sie für eine lebens-

gefährliche und ansteckende Krankheit erklärt. Sie sind bei den Symptomen stehn geblieben und haben diese auf eine mannigfaltige Weise untereinander geworfen und ausgelegt. Manche haben es für ein bloß lokales Übel gehalten. Die genievollsten Gegner drangen auf Kastration. Sie merkten wohl, daß diese angebliche Krankheit nichts als Krise der eintretenden Pubertät sei.

106. Wie wünschenswert ist es nicht, Zeitgenoss eines wahrhaft großen Mannes zu sein! Die jetzige Majorität der kultivierten Deutschen ist dieser Meinung nicht. Sie ist fein genug, um alles Große wegzuleugnen, und befolgt das Planierungssystem. Wenn das Kopernikanische System nur nicht so fest stände, so würde es ihnen sehr bequem sein, Sonne und Gestirn wieder zu Irrwischen und die Erde zum Universum zu machen. Daher wird Goethe, der jetzt der wahre Statthalter des poetischen Geistes auf Erden ist, so gemein als möglich behandelt und schnöde angesehn, wenn er die Erwartungen des gewöhnlichen Zeitvertreibs nicht befriedigt, und sie einen Augenblick in Verlegenheit gegen sich selbst setzt. Ein interessantes Symptom dieser direkten Schwäche der Seele ist die Aufnahme, welche Herrmann und Dorothea im Allgemeinen gefunden hat.

107. Die Geognosten glauben, daß der physische Schwerpunkt unter Fes und Marokko liege. Goethe als Anthropognost meint im Meister, der intellektuelle Schwerpunkt liege unter der Deutschen Nation.

108. Menschen zu beschreiben ist deswegen bis jetzt unmöglich gewesen, weil man nicht gewußt hat, was ein Mensch ist. Wenn man erst wissen wird, was ein Mensch ist, so wird man auch Individuen wahrhaft genetisch beschreiben können.

109. Nichts ist poetischer, als Erinnerung und Ahndung oder Vorstellung der Zukunft. Die Vorstellungen der Vorzeit ziehn uns zum Sterben, zum Verfliegen an. Die Vorstellungen der Zukunft treiben uns zum Beleben, zum Verkürzen, zur assimilierenden Wirksamkeit. Daher ist alle Erinnerung wehmütig, alle Ahndung freudig. Jene mäßigt die allzugroße Lebhaftigkeit, diese erhebt ein zu schwaches Leben. Die gewöhnliche Gegenwart verknüpft Vergangenheit und Zukunft durch Beschränkung. Es entsteht Kontiguität, durch Erstarrung Kristallisation. Es gibt aber eine geistige Gegenwart, die beide durch Auflösung identifiziert, und diese Mischung ist das Element, die Atmosphäre des Dichters.

110. Die Menschenwelt ist das gemeinschaftliche Organ der Götter. Poesie vereinigt sie, wie uns.

111. Schlechthin ruhig erscheint, was in Rücksicht der Außenwelt schlechthin unbeweglich ist. So mannigfach es sich auch verändern mag, so bleibt es doch in Beziehung auf die Außenwelt immer in Ruhe. Dieser Satz bezieht sich auf alle Selbstmodifikationen. Daher erscheint das Schöne so ruhig. Alles Schöne ist ein selbsterleuchtetes, vollendetes Individuum.

112. Jede Menschengestalt belebt einen individuellen Keim im Betrachtenden. Dadurch wird diese Anschauung unendlich, sie ist mit dem Gefühl einer unerschöpflichen Kraft verbunden, und darum so absolut belebend. Indem wir uns selbst betrachten, beleben wir uns selbst.

Ohne diese sichtbare und fühlbare Unsterblichkeit würden wir nicht wahrhaft denken können.

Diese wahrnehmbare Unzulänglichkeit des irdischen Körpergebildes zum Ausdruck und Organ des inwohnenden Geistes, ist der unbestimmte, treibende Gedanke, der die Basis aller echten Gedanken wird, der Anlaß zur Evolution der Intelligenz, dasjenige, was uns zur Annahme einer intelligiblen Welt und einer unendlichen Reihe von Ausdrücken und Organen jedes Geistes, deren Exponent oder Wurzel seine Individualität ist, nötigt.

113. Je bornierter ein System ist, desto mehr wird es den Weltklugen gefallen. So hat das System der Materialisten, die Lehre des Helvetius und auch Locke den meisten Beifall unter dieser Klasse erhalten. So wird Kant jetzt noch immer mehr Anhänger als Fichte finden.

114. Die Kunst Bücher zu schreiben ist noch nicht erfunden. Sie ist aber auf dem Punkt erfunden zu werden. Fragmente dieser Art sind literarische Sämereien. Es mag freilich manches taube Körnchen darunter sein: indessen, wenn nur einiges aufgeht!

II. GLAUBEN UND LIEBE
ODER
DER KÖNIG UND
DIE KÖNIGIN

Vorrede

1. Wenn man mit Wenigen, in einer großen, gemischten Gesellschaft etwas heimliches reden will, und man sitzt nicht nebeneinander, so muß man in einer besondern Sprache reden. Diese besondre Sprache kann entweder eine *dem Ton* nach, oder *den Bildern* nach fremde Sprache sein. Dies letztere wird eine Tropen und Rätselsprache sein.

2. Viele haben gemeint, man solle von zarten, mißbrauchbaren Gegenständen, eine gelehrte Sprache führen, z. B. lateinisch von Dingen der Art schreiben. Es käme auf einen Versuch an, ob man nicht in der gewöhnlichen Landessprache so sprechen könnte, daß es nur *der* verstehn könnte, der es verstehn sollte. Jedes wahre Geheimnis muß die Profanen von selbst ausschließen. Wer es versteht ist von selbst, mit Recht, *Eingeweihter.*

3. Der mystische Ausdruck ist ein Gedankenreiz mehr. Alle Wahrheit ist uralt. Der Reiz der Neuheit liegt nur in den Variationen des Ausdrucks. Je kontrastierender die Erscheinung, desto größer die Freude des Wiedererkennens.

4. Was man liebt, findet man überall, und sieht überall Ähnlichkeiten. Je größer die Liebe, desto weiter und mannigfaltiger diese ähnliche Welt. Meine Geliebte ist die Abbreviatur des Universums, das Universum die Elongatur meiner Geliebten. Dem Freunde der Wissenschaften bieten sie alle, Blumen und Souvenirs, für seine Geliebte.

5. Aber woher die ernsten, mystisch-politischen Philosopheme? Ein Begeisterter äußert sein höheres Leben in allen seinen Funktionen; also philosophiert er auch, und zwar lebhafter als gewöhnlich, *poetischer*. Auch dieser tiefe Ton gehört in die Symphonie seiner Kräfte, und Organe. Gewinnt aber nicht das Allgemeine durch individuelle, das Individuelle durch allgemeine Beziehungen?

6. Laßt die Libellen ziehn; unschuldige *Fremdlinge* sind es,
Folgen dem Doppelgestirn froh, mit Geschenken, hieher.

———————

Ein blühendes Land ist doch wohl ein königlicheres Kunstwerk, als ein Park. Ein geschmackvoller Park ist eine englische Erfindung. Ein Land das Herz und Geist befriedigt, dürfte eine deutsche Erfindung werden; und der Erfinder wäre doch wohl der König aller Erfinder.

Der Beste unter den ehemaligen französischen Monarchen hatte sich vorgesetzt, seine Untertanen so wohlhabend zu machen, daß jeder alle Sonntage ein Huhn mit Reis auf seinen Tisch bringen könnte. Würde nicht die Regierung aber vorzuziehen sein, unter welcher der Bauer lieber ein Stück verschimmelt Brot äße, als Braten in einer andern, und Gott für das Glück herzlich dankte, in diesem Lande geboren zu sein?

Wenn ich morgen Fürst würde, so bät ich zuerst den König um einen Eudiometer, wie den Seinigen. Kein Instrument ist einem Fürsten nötiger. Auch würde ich, wie er, die Lebensluft für meinen Staat mehr aus blühenden Pflanzungen, als aus Salpeter zu ziehen suchen.

Gold und Silber sind das Blut des Staats. Häufungen des Bluts am Herzen und im Kopfe verraten Schwäche in beiden. Je stärker das Herz ist, desto lebhafter und freigebiger treibt es das Blut nach den äußern Teilen. Warm und belebt ist jedes Glied, und rasch und mächtig strömt das Blut nach dem Herzen zurück.

Ein einstürzender Thron ist, wie ein fallender Berg, der die Ebene zerschmettert und da ein totes Meer hinterläßt, wo sonst ein fruchtbares Land und lustige Wohnstätte war.

Macht nur die Berge gleich, das Meer wird es euch Dank wissen. Das Meer ist das Element von Freiheit und Gleichheit. Indes warnt es, auf Lager von Schwefelkies zu treten; sonst ist der Vulkan da und mit ihm der Keim eines neuen Kontinents.

Die mephitischen Dünste der moralischen Welt verhalten sich anders, wie ihre Namensvettern in der Natur. Jene steigen gern in die Höhe, da diese am Boden hängen bleiben. Für die Höhenbewohner ist kein besseres Mittel dagegen, als Blumen und Sonnenschein. Beides hat sich nur selten auf Höhen zusammen getroffen. Auf einer der höchsten moralischen Erdhöhen, kann man aber jetzt die reinste Luft genießen und eine Lilie an der Sonne sehn.

Es war kein Wunder, wenn die Bergspitzen meistenteils nur auf die Täler herabdonnerten und die Fluren verwüsteten. Böse Wolken zogen sich meist um sie her, und verbargen ihnen ihre Abkunft vom Lande; dann erschien ihnen die Ebene nur wie ein dunkler Abgrund, über welchen sie die Wolken zu tragen schienen, oder wie ein empörtes Meer, da doch nichts eigentlich gegen sie empört war, und sie allmählich abstumpfte und herunterwusch, als die anhänglich scheinenden Wolken.

Ein wahrhaftes Königspaar ist für den ganzen Menschen, was eine Konstitution für den bloßen Verstand ist. Man kann sich für eine Konstitution nur, wie für einen Buchstaben interessieren. Ist das Zeichen nicht ein schönes Bild, oder ein Gesang, so ist Anhänglichkeit an Zeichen, die verkehrteste aller Neigungen. — Was ist ein Gesetz, wenn es nicht Ausdruck des Willens einer geliebten, achtungswerten Person ist? Bedarf der mystische Souverän nicht, wie jede Idee, eines Symbols, und welches Symbol ist würdiger und passender, als ein liebenswürdiger trefflicher Mensch? Die Kürze des Ausdrucks ist doch wohl etwas wert, und ist nicht ein Mensch ein kürzerer, schönerer Ausdruck eines Geistes als ein Kollegium? Wer recht viel Geist hat, den hemmen Schranken und Unterschiede nicht; sie reizen ihn vielmehr. Nur der Geistlose fühlt Last und Hemmung. Übrigens ist auch ein geborner König besser, als ein gemachter. Der beste Mensch wird eine solche Erhebung nicht ohne Alteration ertragen können. Wer so geboren ist, dem schwindelt nicht, den überreizt auch eine solche Lage nicht. Und ist denn am Ende nicht die Geburt die primitive Wahl? Die müssen sich nicht lebendig in sich gefühlt haben die die Freiheit dieser Wahl, die Einmütigkeit bei derselben bezweifeln.

Wer hier mit seinen historischen Erfahrungen angezogen kommt, weiß gar nicht, wovon ich rede, und auf welchem Standpunkt ich rede; dem sprech ich arabisch, und er tut am besten, seines Wegs zu gehn und sich nicht unter Zuhörer zu mischen, deren Idiom und Landesart ihm durchaus fremd ist.

Meinethalben mag jetzt der Buchstabe an der Zeit sein. Es ist kein großes Lob für die Zeit, daß sie so weit von der Natur entfernt, so sinnlos für Familienleben, so abgeneigt der schönsten poetischen Gesellschaftsform ist. Wie würden unsre Kosmopoliten erstaunen, wenn ihnen die Zeit des ewigen Friedens erschiene und sie die höchste gebildetste Menschheit in monarchischer Form erblickten? Zerstäubt wird dann der papierne Kitt sein, der jetzt die Menschen zusammenkleistert, und der Geist wird die Gespenster, die statt seiner in Buchstaben erschienen und von Federn und Pressen zerstückelt ausgingen, verscheuchen, und alle Menschen wie ein paar Liebende zusammenschmelzen.

Der König ist das gediegene Lebensprinzip des Staats; ganz dasselbe, was die Sonne im Planetensystem ist. Zunächst um das Lebensprinzip her, erzeugt sich mithin das höchste Leben im Staate, die Lichtatmosphäre. Mehr oder weniger vererzt ist es in jedem Staatsbürger. Die Äußerungen des Staatsbürgers in der Nähe des Königs werden daher glänzend, und so poetisch als möglich, oder Ausdruck der höchsten Belebung sein. Da nun in der höchsten Belebung der Geist zugleich am wirksamsten ist, die Wirkungen des Geistes Reflexionen sind, die Reflexion aber, ihrem Wesen nach, bildend ist, mit der höchsten Belebung also die schöne, oder vollkommene Reflexion verknüpft ist, so wird auch der Ausdruck des Staatsbürgers in der Nähe des Königs, Ausdruck der höchsten, zurückgehaltenen Kraftfülle, Ausdruck der lebhaftesten Regungen, beherrscht durch die achtungsvollste Besonnenheit, ein unter Regeln zu bringendes Betragen sein. Ohne Etikette kann kein Hof bestehn. Es gibt aber eine natürliche Etikette, die schöne, und eine erkünstelte, modische, die häßliche. Herstellung der erstern wird also keine unwichtige Sorge des denkenden Königs sein, da sie einen bedeutenden Einfluß auf den Geschmack und die Liebe für die monarchische Form hat.

Jeder Staatsbürger ist Staatsbeamter. Seine Einkünfte hat er nur, als solcher. Man hat sehr unrecht, den König den ersten Beamten des Staats zu nennen. Der König ist kein Staatsbürger, mithin auch kein Staatsbeamter. Das ist eben das Unterscheidende der Monarchie, daß sie auf den Glauben an einen höhergebornen Menschen, auf der freiwilligen Annahme eines Idealmenschen, beruht. Unter meinesgleichen kann ich mir keinen Obern wählen; auf Einen, der mit mir in der gleichen Frage befangen ist, nichts übertragen. Die Monarchie ist deswegen echtes System, weil sie an einen absoluten Mittelpunkt geknüpft ist; an ein Wesen, was zur Menschheit, aber nicht zum Staate gehört. Der König ist ein zum irdischen Fatum erhobener Mensch. Diese Dichtung drängt sich dem Menschen notwendig auf. Sie befriedigt allein eine höhere Sehnsucht seiner Natur. Alle Menschen sollen thronfähig werden. Das Erziehungsmittel zu diesem fernen Ziel ist ein König. Er assimiliert sich allmählich die Masse seiner Untertanen. Jeder ist entsprossen aus einem uralten Königsstamm. Aber wie wenige tragen noch das Gepräge dieser Abkunft?

Ein großer Fehler unserer Staaten ist es, daß man den Staat zu wenig sieht. Überall sollte der Staat sichtbar, jeder Mensch, als Bürger charakterisiert sein. Ließen sich nicht Abzeichen und Uniformen durchaus einführen? Wer so etwas für geringfügig hält, kennt eine wesentliche Eigentümlichkeit unsrer Natur nicht.

Ein Regent kann für die Erhaltung seines Staats in den jetzigen Zeiten gewiß nicht zweckmäßiger sorgen, als wenn er ihn vielmöglichst zu individualisieren sucht.

Die alte Hypothese, daß die Kometen die Revolutions-
fackeln des Weltsystems wären, gilt gewiß für eine
andre Art von Kometen, die periodisch das geistige
Weltsystem revolutionieren und verjüngen. Der geistige Astronom bemerkt längst den Einfluß eines solchen Kometen auf einen beträchtlichen Teil des geistigen Planeten, den wir die Menschheit nennen. Mächtige Überschwemmungen, Veränderungen der Klimate,
Schwankungen des Schwerpunkts, allgemeine Tendenz
zum Zerfließen, sonderbare Meteore sind die Symptome
dieser heftigen Inzitation, deren Folge den Inhalt eines
neuen Weltalters ausmachen wird. So nötig es vielleicht
ist, daß in gewissen Perioden alles in Fluß gebracht
wird, um neue, notwendige Mischungen hervorzubringen, und eine neue, reinere Kristallisation zu veranlassen, so unentbehrlich ist es jedoch ebenfalls diese Krisis
zu mildern und die totale Zerfließung zu behindern,
damit ein Stock übrig bleibe, ein Kern, an den die neue
Masse anschieße, und in neuen schönen Formen sich um
ihn her bilde. Das Feste ziehe sich also immer fester
zusammen, damit der überflüssige Wärmestoff vermindert werde, und man spare kein Mittel um das Zerwei-
chen der Knochen, das Zerlaufen der typischen Faser zu
verhindern.

Würde es nicht Unsinn sein eine Krisis permanent zu
machen, und zu glauben, der Fieberzustand sei der echte, gesunde Zustand, an dessen Erhaltung dem Menschen alles gelegen sein mußte? Wer möchte übrigens
an seiner Notwendigkeit, an seiner wohltätigen Wirksamkeit zweifeln.

Es wird eine Zeit kommen und das bald, wo man allgemein überzeugt sein wird, daß kein König ohne Republik, und keine Republik ohne König bestehn könne, daß beide so unteilbar sind, wie Körper und Seele, und daß ein König ohne Republik, und eine Republik ohne König, nur Worte ohne Bedeutung sind. Daher entstand mit einer echten Republik immer ein König zugleich, und mit einem echten König eine Republik zugleich. Der echte König wird Republik, die echte Republik König sein.

Diejenigen, die in unsern Tagen gegen Fürsten, als solche, deklamieren, und nirgends Heil statuieren, als in der neuen, französischen Manier, auch die Republik nur unter der repräsentativen Form erkennen, und apodiktisch behaupten, daß nur da Republik sei, wo es Primär- und Wahlversammlungen, Direktorium und Räte, Munizipalitäten und Freiheitsbäume gäbe, die sind armselige Philister, leer an Geist und arm an Herzen, Buchstäbler, die ihre Seichtigkeit und innerliche Blöße hinter den bunten Fahnen der triumphierenden Mode, unter der imposanten Maske des Kosmopolitismus zu verstecken suchen, und die Gegner, wie die Obskuranten verdienen, damit der Frosch- und Mäusekrieg vollkommen versinnlicht werde.

Wird nicht der König schon durch das innige Gefühl *Ihres* Werts zum König?

Was bei andern Fürsten der erste Tag war, wird hier der Lebenstag des Königs sein. Die Regierungszeit der Meisten ist nur der erste Tag. Der erste Tag ist das Leben dieser Ephemeren. Dann sterben sie, und mit ihren Reliquien wird nun mannigfacher Mißbrauch getrieben. So sind die meisten sogenannten Regierungen Interregna; die Fürsten nur das rote, heilige Wachs, welches die Befehle sanktioniert.

Was sind Orden? Irrwische, oder Sternschnuppen. Ein Ordensband sollte eine Milchstraße sein, gewöhnlich ist es nur ein Regenbogen, eine Einfassung des Ungewitters. Ein Brief, ein Bild der Königin; das wären Orden, Auszeichnungen der höchsten Art; Auszeichnungen, die zu den ausgezeichnetsten Taten entzündeten. Auch verdienstvolle Hausfrauen sollten ähnliche Ehrenzeichen bekommen.

Die Königin hat zwar keinen politischen, aber einen häuslichen Wirkungskreis im Großen. Vorzüglich kommt ihr die Erziehung ihres Geschlechts, die Aufsicht über die Kinder des ersten Alters, über die Sitten im Hause, die Verpflegung der Hausarmen und Kranken, besonders der von ihrem Geschlechte, die geschmackvolle Verzierung des Hauses, die Anordnung der Familienfeste, und die Einrichtung des Hoflebens von rechtswegen zu. Sie sollte ihre eigne Kanzlei haben, und ihr Mann wäre ihr erster Minister, mit dem sie alles überlegte. Zur Erziehung ihres Geschlechts würde Abschaffung der ausdrücklichen Anstalten seiner Korruption gehören. Sollte der Königin nicht beim Eintritt in eine Stadt schaudern, wo die tiefste Herabwürdigung ihres Geschlechts ein öffentliches Gewerbe ist? Die härtesten Strafen würden für diese echten Seelenverkäufer nicht zu hart sein. Ein Mord ist weit schuldloser. Die gepriesene Sicherheit, die dadurch beabsichtigt wird, ist eine sonderbare Begünstigung der Brutalität. So wenig sich die Regierung in Privatangelegenheiten mischen dürfte, so sollte sie doch jede Beschwerde, jedes öffentliche Skandal, jede Anzeige, oder Klage eines entehrten Gegenstandes auf das strengste untersuchen. Wem steht das Schutzrecht des beleidigten Geschlechts mehr zu, als der Königin? Sie muß für den Aufenthalt in einer Stadt erröten, die Asyle und Bildungsinstitute der Verworfenheit in sich befaßt.

Ihr Beispiel wird übrigens unendlich viel wirken. Die glücklichen Ehen werden immer häufiger und die Häuslichkeit mehr, als Mode werden. Sie wird zugleich echtes Muster des weiblichen Anzugs sein. Der Anzug ist gewiß ein sehr richtiger Ethometer. Er hat leider in Berlin immer auf einem sehr niedrigen Punkte gestanden, oft unter Null. Was könnte nicht die Gesellschaft der Königin auf die jungen Weiber und Mädchen in Berlin wirken? Es wäre an sich schon eine ehrenvolle Distinktion und würde die öffentliche Meinung notwendig wieder sittlich stimmen; und am Ende ist doch die öffentliche Meinung das kräftigste Restaurations- und Bildungsmittel der Sitten.

Von der öffentlichen Gesinnung hängt das Betragen des Staats ab. Veredlung dieser Gesinnung ist die einzige Basis der echten Staatsreform. Der König und die Königin können und müssen als solche das Prinzip der öffentlichen Gesinnung sein. Dort gibt es keine Monarchie mehr wo der König und die Intelligenz des Staats nicht mehr identisch sind. Daher war der König von Frankreich schon lange vor der Revolution dethronisiert, und so die meisten Fürsten Europas. Es würde ein sehr gefährliches Symptom des Neupreußischen Staats sein, wenn man zu stumpf für die wohltätigen Einflüsse des Königs und der Königin wäre, wenn es in der Tat an Sinn für dieses klassische Menschenpaar gebräche. Das muß sich in Kurzem offenbaren. Wirken diese Genien nichts, so ist die vollkommene Auflösung der modernen Welt gewiß, und die himmlische Erscheinung ist nichts, als das Aufblitzen der verfliegenden Lebenskraft, die Sphärenmusik eines Sterbenden, die sichtbare Ahndung einer bessern Welt, die edlern Generationen bevorsteht.

Der Hof ist eigentlich das große Muster einer Haushaltung. Nach ihm bilden sich die großen Haushaltungen des Staats, nach diesen die kleinern, und so herunter. Wie mächtig könnte nicht eine Hofreform wirken! Der König soll nicht frugal, wie ein Landmann, oder ein begüterter Privatmann sein; aber es gibt auch eine königliche Frugalität, und diese scheint der König zu kennen. Der Hof soll das klassische Privatleben im Großen sein. Die Hausfrau ist die Feder des Hauswesens. So die Königin, die Feder des Hofs. Der Mann fourniert, die Frau ordnet und richtet ein. Ein frivoles Hauswesen ist meistenteils die Schuld der Frau. Daß die Königin durchaus antifrivole ist, weiß jedermann. Daher begreife ich nicht, wie sie das Hofleben, wie es ist, ertragen kann. Auch ihrem Geschmack, der so innig eins mit ihrem Herzen ist, muß die fade Monotonie desselben unerträglich auffallen.

Das Schauspiel und Konzert, und hin und wieder die Zimmerverzierungen ausgenommen, trifft man fast keine Spur von Geschmack im gewöhnlichen europäischen Hofleben, und auch jene Ausnahmen, wie oft sind sie geschmacklos, wie oft werden sie nicht geschmacklos genossen. Wie äußerst mannigfaltig könnte es aber sein? Ein geistvoller Maitre des Plaisirs könnte, geleitet vom Geschmack der Königin, aus dem Hofe ein irdisches Paradies machen, könnte das einfache Thema des Lebensgenusses durch unerschöpfliche Variationen führen, und uns so die Gegenstände der allgemeinen Anbetung in einer immer neuen, immer reizenden Umgebung erblicken lassen. Welches Gefühl aber ist himmlischer, als das, seine Geliebten im wahrhaftesten Lebensgenusse begriffen zu wissen.

Jede gebildete Frau und jede sorgfältige Mutter sollte das Bild der Königin, in ihrem oder ihrer Töchter Wohnzimmer haben. Welche schöne kräftige Erinnerung an das Urbild, das jede zu erreichen sich vorgesetzt hätte, Ähnlichkeit mit der Königin würde der Charakterzug der Neupreußischen Frauen, ihr Nationalzug. Ein liebenswürdiges Wesen unter tausendfachen Gestalten. Mit jeder Trauung ließe sich leicht eine bedeutungsvolle Huldigungszeremonie der Königin einführen; und so sollte man mit dem König und der Königin das gewöhnliche Leben veredeln, wie sonst die Alten es mit ihren Göttern taten. Dort entstand echte Religiosität durch diese unaufhörliche Mischung der Götterwelt in das Leben. So könnte hier durch diese beständige Verwebung des königlichen Paars in das häusliche und öffentliche Leben, echter Patriotism entstehen.

Die Gruppe von Schadow sollte die gute Gesellschaft in Berlin zu erhalten suchen, eine Loge der sittlichen Grazie stiften und sie in dem Versammlungssaale aufstellen. Diese Loge könnte eine Bildungsanstalt der jungen weiblichen Welt aus den kultivierten Ständen sein, und der Königsdienst wäre dann, was der Gottesdienst auf eine ähnliche Weise sein sollte, echte Auszeichnung und Belohnung der trefflichsten ihres Geschlechts.

Sonst mußte man sich vor den Höfen, wie vor einem ansteckenden Orte, mit Weib und Kindern flüchten. An einen Hof wird man sich jetzt vor der allgemeinen Sittenverderbnis, wie auf eine glückliche Insel zurückziehen können. Um eine treffliche Frau zu finden, mußte ein behutsamer junger Mann sonst in die entlegenern Provinzen, wenigstens in die gänzlich von Stadt und Hof entfernten Familien gehn; künftig wird man, wie es nach dem ursprünglichen Begriff sein sollte, an Hof, als zum Sammelplatz des besten und schönsten gehn, und sich glücklich preisen können, eine Frau aus der Hand der Königin zu empfangen.

Dieser König ist der Erste König von Preußen. Er setzt sich alle Tage die Krone selbst auf, und zu seiner Anerkennung bedarf es keiner Negotiationen.

Der König und die Königin beschützen die Monarchie mehr, als 200.000 Mann.

Nichts ist erquickender als von unsern Wünschen zu reden, wenn sie schon in Erfüllung gehn.

Kein Staat ist mehr als Fabrik verwaltet worden, als Preußen, seit Friedrich Wilhelm des Ersten Tode. So nötig vielleicht eine solche maschinistische Administration zur physischen Gesundheit, Starkung und Gewandheit des Staats sein mag, so geht doch der Staat, wenn er bloß auf diese Art behandelt wird, im Wesentlichen darüber zu Grunde. Das Prinzip des alten berühmten Systems ist, jeden durch Eigennutz an den Staat zu binden. Die klugen Politiker hatten das Ideal eines Staats vor sich, wo das Interesse des Staats, eigennützig, wie das Interesse der Untertanen, so künstlich jedoch mit demselben verknüpft wäre, daß beide einander wechselseitig beförderten.

An diese politische Quadratur des Zirkels ist sehr viel Mühe gewandt worden: aber der rohe Eigennutz scheint durchaus unermeßlich, antisystematisch zu sein. Er hat sich durchaus nicht beschränken lassen, was doch die Natur jeder Staatseinrichtung notwendig erfordert. Indes ist durch diese förmliche Aufnahme des gemeinen Egoismus, als Prinzip, ein ungeheurer Schade geschehn und der Keim der Revolution unserer Tage liegt nirgends, als hier.

Mit wachsender Kultur mußten die Bedürfnisse mannigfacher werden, und der Wert der Mittel ihrer Befriedigung um so mehr steigen, je weiter die moralische

Gesinnung hinter allen diesen Empfindungen des Luxus, hinter allen Raffinements des Lebensgenusses und der Bequemlichkeit zurückgeblieben war. Die Sinnlichkeit hatte zu schnell ungeheures Feld gewonnen. In eben dem Verhältnisse, als die Menschen auf dieser Seite ihre Natur ausbildeten, und sich in der vielfachsten Tätigkeit und dem behaglichsten Selbstgefühl verloren, mußte ihnen die andere Seite unscheinbar, eng und fern vorkommen. Hier meinten sie nun den rechten Weg ihrer Bestimmung eingeschlagen zu haben, hieher alle Kräfte verwenden zu müssen. So wurde grober Eigennutz zur Leidenschaft , und zugleich seine Maxime zum Resultat des höchsten Verstandes; und dies machte die Leidenschaft so gefährlich und unüberwindlich. Wie herrlich wär es, wenn der jetzige König sich wahrhaft überzeugte, daß man auf diesem Wege nur das flüchtige Glück eines Spielers machen könne, das von einer so veränderlichen Größe bestimmt wird, als die Imbezillität, und der Mangel an Routine und Finesse seiner Mitspieler. Durch Betrogenwerden lernt man Betrügen und wie bald ändert sich da nicht das Blatt, und der Meister wird Schüler seines Schülers. Ein dauerhaftes Glück macht nur der rechtliche Mann, und der rechtliche Staat. Was helfen mir alle Reichtümer, wenn sie sich bei mir nur aufhalten, um frische Pferde zu nehmen und schneller ihre Reise um die Welt zurück zu legen? Uneigennützige Liebe im Herzen und ihre Maxime im Kopf, das ist die alleinige, ewige Basis aller wahrhaften, unzertrennlichen Verbindung, und was ist die Staatsverbindung anders, als eine Ehe?

Ein König muß, wie ein Vater, keine Vorliebe zeigen. Er sollte nicht bloß militärische Gesellschafter und Adjutanten haben. Warum nicht auch zivilistische? Wenn er sich in seinen militärischen Adjutanten fähige Generale bildet, warum will er sich nicht auf ähnliche Weise fähige Präsidenten und Minister bilden? Bei ihm laufen alle Fäden der Regierung zusammen. Nur von dort aus läßt sich das ganze Triebwerk des Staats überblicken. Dort allein lernt man im Großen den Staat und sein Detail ansehn. Zu Direktorialposten kann man sich nirgends so bilden, als im Kabinett, wo die Staatsweisheit des ganzen Landes sich konzentriert, wo man jede Sache durchaus bearbeitet erhält, und von wo aus man den Gang der Geschäfte bis in seine kleinsten Adern verfolgen kann. Hier allein würde jener eingeschränkte Geist verschwinden, jener Pedantismus der Geschäftsmänner, der sie auf ihre Bemühungen einen einzigen, auf ihre Vorschläge einen infalliblen Wert legen läßt, der sie alle Dinge nach ihrem Wirkungskreise, nach ihrer Gesichtssphäre beurteilen macht, und die höhere Instanzen oft selbst zu einseitigen ungleichen Partialschritten verleitet. Dieses kleinstädtische Wesen ist überall sichtbar und verhindert am meisten echten Republikanismus, allgemeine Teilnahme am ganzen Staate, innige Berührung und Harmonie aller Staatsglieder. Der König sollte noch mehr militärische und zivilistische Adjutanten haben. Wie jene die höchste militärische Schule im Staate, so bildeten diese die höchste praktisch-politische Akademie im Staate. Eine Stelle in beiden würde schon Auszeichnung und Anfeuerung genug sein. Für den König würde diese abwechselnde Gesellschaft der treff-

lichsten jungen Männer seines Landes höchst angenehm und vorteilhaft sein. Für diese jungen Männer
aber wären diese Lehrjahre das glänzendste Fest ihres
Lebens, der Anlaß einer lebenslänglichen Begeisterung.
Persönliche Liebe schlösse sie auf ewig an ihren Souverän, und der König hätte die schönste Gelegenheit seine
Diener genau kennen zu lernen, zu wählen und persön-
lich zu achten und zu lieben. Die edle Simplizität des
königlichen Privatlebens, das Bild dieses glücklichen,
innig verbundenen Paars, würde den wohltätigsten Einfluß auf die sittliche Bildung dieses Kerns der preußischen Jugend haben, und so würde dem König am
leichtesten der angeborne Wunsch seines Herzens ge-
währt, der wahrhafte Reformator und Restaurator seiner Nation und seiner Zeit zu werden.

Einem König sollte nichts mehr am Herzen liegen, als
so vielseitig, so unterrichtet, orientiert und vorurteils-
frei, kurz so vollständiger Mensch zu sein, und zu
bleiben, als möglich. Kein Mensch hat mehr Mittel in
Händen sich auf eine leichte Art diesen höchsten Stil
der Menschheit zu eigen zu machen, als ein König.
Durch Umgang und Fortlernen kann er sich immer
jung erhalten. Ein alter König macht einen Staat so
grämlich, als er selbst ist.

Wie bequem könnte sich der König nicht die Bekanntschaft mit den wissenschaftlichen Fortschritten
der Menschheit machen. Er hat schon gelehrte Akademien. Wenn er sich nun von diesen vollständige, genaue
und präzise Berichte über den vormaligen und gegenwärtigen Zustand der Literatur überhaupt – terminli-

che Berichte über die wissenswürdigsten Vorfälle in allem, was den Menschen, als solchen, interessiert — Auszüge aus den vorzüglichsten Büchern, und Bemerkungen über dieselben, Hinweisungen auf diejenigen Produkte der schönen Kunst, die eigne Betrachtung und Genießung verdienten, endlich Vorschläge zur Beförderung wissenschaftlicher Kultur der Untertanen, zur Aufnahme und Unterstützung hoffnungsvoller bedeutender Unternehmungen, und armer vielversprechender Gelehrten, und zur Ausfüllung szientifischer Lükken und Entwicklung neuer literarischer Keime, erforderte, und allenfalls Korrelationen veranstaltete, so würde dies ihn in Stand setzen seinen Staat unter andern Staaten, seine Nation in der Menschheit und sich selbst im Großen zu übersehen, und hier in der Tat sich zu einem königlichen Menschen zu bilden. Der Mühe einer ungeheuren Lektüre überhoben, genösse er die Früchte der europäischen Studien im Extrakte, und würde in kurzem durch fleißiges Überdenken dieses geläuterten und inspissierten Stoffs neue mächtige Kräfte seines Geistes hervorgebrochen, und sich in einem reinern Elemente, auf der Höhe des Zeitalters erblicken. Wie divinatorisch würde sein Blick, wie geschärft sein Urteil, wie erhaben seine Gesinnung werden!

Ein wahrhafter Fürst ist der Künstler der Künstler; das ist, der Direktor der Künstler. Jeder Mensch sollte Künstler sein. Alles kann zur schönen Kunst werden. Der Stoff des Fürsten sind die Künstler; sein Wille ist sein Meißel: Er erzieht, stellt und weist die Künstler an,

weil nur er das Bild im Ganzen aus dem rechten Standpunkte übersieht, weil ihm nur die große Idee, die durch
vereinigte Kräfte und Ideen dargestellt, exekutiert werden soll, vollkommen gegenwärtig ist. Der Regent führt
ein unendlich mannigfaches Schauspiel auf, wo Bühne
und Parterre, Schauspieler und Zuschauer Eins sind,
und er selbst Poet, Direktor und Held des Stücks zugleich ist. Wie entzückend, wenn wie bei dem König, die
Direktrice zugleich die Geliebte des Helden, die Heldin
des Stücks ist, wenn man selbst die Muse in ihr erblickt,
die den Poeten mit heiliger Glut erfüllt, und zu sanften,
himmlischen Weisen sein Saitenspiel stimmt.

In unsern Zeiten haben sich wahre Wunder der Trans-
substantiation ereignet. Verwandelt sich nicht ein
Hof in eine Familie, ein Thron in ein Heiligtum,
eine königliche Vermählung in einen ewigen Herzens-
bund?

Wenn die Taube Gesellschafterin und Liebling des Ad-
lers wird, so ist die goldne Zeit in der Nähe oder gar
schon da, wenn auch noch nicht öffentlich anerkannt
und allgemein verbreitet.

Wer den ewigen Frieden jetzt sehn und lieb gewinnen
will, der reise nach Berlin und sehe die Königin. Dort
kann sich jeder anschaulich überzeugen, daß der ewige
Friede herzliche Rechtlichkeit über alles liebt, und nur
durch diese sich auf ewig fesseln läßt.

Was ich mir vor allen wünschte? das will ich euch sagen: eine geistvolle Darstellung der Kinder- und Jugendjahre der Königin. Gewiß im eigentlichsten Sinn, weibliche Lehrjahre. Vielleicht nichts anders, als Nataliens Lehrjahre. Mir kommt Natalie, wie das zufällige Porträt der Königin vor. Ideale müssen sich gleichen.

Novalis.

III. POLITISCHE APHORISMEN

Der Grund aller Verkehrtheit in Gesinnungen und Meinungen ist – Verwechselung des Zwecks mit dem Mittel.

Genau haben die meisten Revolutionisten gewiß nicht
gewußt, was sie wollten – Form, oder Unform.

Revolutionen beweisen eher gegen die wahre Energie
einer Nation. Es gibt eine Energie aus Kränklichkeit
und Schwäche – die gewaltsamer wirkt, als die wahre –
aber leider mit noch tieferer Schwäche aufhört.

Wenn man von einer Nation urteilt, so beurteilt man
meistens nur den vorzüglich sichtbaren, den frappanten
Teil der Nation.

Kein Argument ist der alten Regierung nachteiliger, als
dasjenige, was man aus der disproportionellen Stärke
der Glieder des Staats, die in einer Revolution zum Vor-
schein kommt, ziehen kann. Seine Verwaltung muß
höchst fehlerhaft gewesen sein, daß viele Teile fehlerhaft werden konnten und eine so hartnäckige Schwäche
überall einwurzelte.

Je schwächer ein Teil ist, desto mehr zu Unordnungen
und Entzündungen geneigt.

Was sind Sklaven? Völlig geschwächte, komprimierte
Menschen. Was sind Sultane? Durch heftige Reizungen

inizitierte Sklaven. Wie endigen Sultane und Sklaven? –
Gewaltsam. Jene leicht als Sklaven, diese leicht als Sultane, d. h. phrenitisch, hirnwütig. Wie können Sklaven
kuriert werden? Durch sehr behutsame Freilassungen
und Aufklärungen. Man muß sie wie Erfrorne behandeln. Sultane? Auf die Art, wie Dionysius und Krösus
kuriert wurden. Mit Schrecken, Fasten und Kloster-
zwang angefangen und allmählich mit Stärkungsmit-
teln gestiegen. Sultane und Sklaven sind das Extrem. Es
gibt noch viel Mittelklassen bis zum König und dem
echten Zyniker – der Klasse der vollkommensten Gesundheit. Terroristen und Hofschranzen gehören so
ziemlich in die nächste Klasse nach Sultanen und Sklaven – und gehen so ineinander über, wie diese. Beides
sind die Repräsentanten der beiden Krankheitsformen
einer sehr schwachen Konstitution.

Die gesundeste Konstitution unter einem Maximum
von Reizen repräsentiert der König, – dieselbe unter
einem Minimum von Reizen – der echte Zyniker. Je
gleicher beide sind, je leichter und unveränderter sie
ihre Rollen verwechseln könnten, desto mehr nähert
sich ihre Konstitution dem Ideal der vollkommenen
Konstitution. Je unabhängiger also der König von seinem Thron lebt, desto mehr ist er König.

Alle Reize sind relativ – sind Größen – bis auf Einen, der
ist absolut – und mehr als Größe.

Die vollkommenste Konstitution entsteht durch Inzitation und absolute Verbindung mit diesem Reize. Durch

ihn kann sie alle übrige entbehren – denn er wirkt anfänglich stärker im Verhältnis, daß die relativen Reize abnehmen, und umgekehrt. Hat er sie aber einmal ganz durchdrungen, so wird sie völlig indifferent gegen die relativen Reize. Dieser Reiz ist – *absolute Liebe*.

Ein Zyniker und ein König ohne sie, sind nur Titulaturen.

Jede Verbesserung unvollkommener Konstitutionen läuft darauf hinaus, daß man sie der Liebe fähiger macht.

Der beste Staat besteht aus Indifferentisten dieser Art.

In unvollkommenen Staaten sind sie auch die besten Staatsbürger. Sie nehmen an allem Guten Teil, lachen über die Alfanzereien ihrer Zeitgenossen im Stillen, und enthalten sich von allem Übel. Sie ändern nicht, weil sie wissen, daß jede Änderung der Art und unter diesen Umständen nur ein neuer Irrtum ist, und das Beste nicht von außen kommen kann. Sie lassen alles in seinen Würden, und so wie sie keinen genieren – so geniert auch sie keiner, und sind überall willkommen.

Der jetzige Streit über die Regierungsformen ist ein Streit über den Vorzug des reifen Alters, oder der blühenden Jugend.

Republik ist das Fluidum deferens der Jugend. Wo junge Leute sind, ist Republik.

Mit der Verheiratung ändert sich das System. Der Verheiratete verlangt Ordnung, Sicherheit, und Ruhe – er wünscht, als Familie, in Einer Familie zu leben – in einem regelmäßigen Hauswesen – er sucht eine echte Monarchie.

Ein Fürst ohne Familiengeist ist kein Monarch.

Aber wozu ein einziger, unbeschränkter Hausvater? Welcher Willkür ist man da nicht ausgesetzt?

In allen relativen Verhältnissen ist das Individuum einmal für allemal der Willkür ausgesetzt – und wenn ich in eine Wüste ginge – ist da nicht mein wesentliches Interesse der Willkür meiner Individualität noch ausgesetzt? Das Individuum, als solches, steht seiner Natur nach unter dem *Zufall.* In der vollkommenen Demokratie steh ich unter sehr vielen, in repräsentativer Demokratie unter Wenigern, in der Monarchie unter Einem willkürlichen Schicksale.

Aber fordert nicht die Vernunft, daß Jeder sein eigener Gesetzgeber sei? Nur seinen eigenen Gesetzen soll der Mensch gehorchen.

Wenn Solon und Lycurg wahre, allgemeine Gesetze, Gesetze der Menschheit gegeben haben, – woher nahmen sie dieselben? – Hoffentlich aus dem Gefühl ihrer Menschheit und seiner Beobachtung. Wenn ich ein Mensch bin, wie sie, woher nehme ich meine Gesetze? Doch wohl aus derselben Quelle – und bin ich, wenn ich dann nach Solons und Lycurgs Gesetzen lebe, der Vernunft untreu? Jedes wahre Gesetz ist mein Gesetz – sagen und aufstellen mag es, wer es will. Dieses Sagen und Aufstellen aber, oder die Beobachtung des ursprünglichen Gefühls und ihre Darstellung muß doch nicht so leicht sein, – sonst würden wir ja keiner besondern geschriebenen Gesetze bedürfen? Es muß also wohl eine Kunst sein? So auch das Gesetz anzuwenden, scheint in der Tat eine langwierige Übung und Schärfung der Urteilskraft vorauszusetzen. Wodurch entstanden Stände und Zünfte? – aus Mangel an Zeit und Kräften des Einzelnen. Jeder Mensch konnte bisher nicht alle Künste und Wissenschaften lernen und zugleich treiben – sich nicht alles in Allem sein. Die Arbeiten und Künste wurden verteilt. Nicht auch die Regierungskunst? Der allgemeinen Forderung der Vernunft zufolge sollten auch alle Menschen Ärzte, Dichter, und so fort, sein. Bei den übrigen Künsten ist es übrigens schon größtenteils hergebracht, daß sich da die Menschen darüber bescheiden – nur Regierungskunst und Philosophie – dazu glaubt jeder gehöre nur Dreistigkeit, und jeder vermißt sich, als Kenner, davon zu sprechen, und Prätentionen auf ihre Praxis und Virtuosität zu machen.

Aber die Vortrefflichkeit der repräsentativen Demokratie ist doch unleugbar. Ein natürlicher, musterhafter Mensch ist ein Dichtertraum. Mithin, was bleibt übrig – Komposition eines künstlichen. Die vortrefflichsten Menschen der Nation ergänzen einander. – In dieser Gesellschaft entzündet sich ein reiner Geist der Gesellschaft. Ihre Dekrete sind seine Emanationen – und der idealische Regent ist realisiert.

Zuerst zieh ich die vortrefflichsten Menschen der Nation und die Entzündung des reinen Geistes in Zweifel. Auf die sehr widersprechende Erfahrung will ich mich nicht einmal berufen. Es liegt am Tage, daß sich aus toten Stoffen kein lebendiger Körper – aus ungerechten, eigennützigen und einseitigen Menschen kein gerechter, uneigennütziger und liberaler Mensch zusammensetzen läßt. Freilich ist das eher ein Irrtum einer einseitigen Majorität, und es wird noch lange Zeit vergehn, eh man sich von dieser simpeln Wahrheit allgemein überzeugen wird. Eine so beschaffene Majorität wird nicht die Vortrefflichsten, sondern im Durchschnitt nur die Borniertesten und die Weltklügsten wählen. Unter den Borniertesten versteh ich solche, bei denen Mittelmäßigkeit zur fertigen Natur geworden ist, die klassischen Muster des großen Haufens. Unter den Weltklügsten – die geschicktesten Courmacher des großen Haufens. Hier wird sich kein Geist entzünden – am wenigsten ein reiner – Ein großer Mechanismus wird sich bilden – ein Schlendrian – den nur die Intrige zuweilen durchbricht. Die Zügel der Regierung werden zwischen dem Buchstaben und mannigfaltigen Parteimachern hin und her schwanken. Die Despotie eines Einzelnen hat denn doch vor dieser Despotie noch den Vorzug, daß man wenigstens dort an Zeit und Schuhen erspart – wenn man mit der Regierung zu tun hat – und jene doch mit offnen Karten spielt, da man hier nicht immer gleich weiß, bei wem gerade den Tag die Regierung anzutreffen ist – und welche Wege die Vorteilhaftesten dahin einzuschlagen sind.

Wenn der Repräsentant schon durch die Höhe, auf die er gehoben wird – reifer und geläuterter werden soll, wie viel mehr der einzelne Regent? Wären die Menschen schon das, was sie sein sollten und werden können – so würden alle Regierungsformen einerlei sein – die Menschheit würde überall einerlei regiert, überall nach den ursprünglichen Gesetzen der Menschheit. Dann aber würde man am Ersten die *schönste, poetische*, die natürlichste Form wählen – Familienform – Monarchie, – Mehrere Herrn – mehrere Familien – Ein Herr – Eine Familie!

Jetzt scheint die vollkommene Demokratie und die Monarchie in einer unauflöslichen Antinomie begriffen zu sein – der Vorteil der Einen durch einen entgegengesetzten Vorteil der Andern aufgewogen zu werden. Das junge Volk steht auf der Seite der erstern, gesetztere Hausväter auf der Seite der zweiten. Absolute Verschiedenheit der Neigungen scheint diese Trennung zu veranlassen. Einer liebt Veränderungen – der Andre nicht. Vielleicht lieben wir alle in gewissen Jahren Revolutionen, freie Konkurrenz, Wettkämpfe und dergleichen demokratische Erscheinungen. Aber diese Jahre gehn bei den Meisten vorüber – und wir fühlen uns von einer friedlicheren Welt angezogen, wo eine Zentralsonne den Reigen führt, und man lieber Planet wird, als einen zerstörenden Kampf um den Vortanz mitkämpft. Man sei also nur wenigstens politisch, wie religiös, tolerant – man nehme nur die Möglichkeit an, daß auch ein vernünftiges Wesen anders inklinieren könne als wir. Diese Toleranz führt, wie mich dünkt, allmählich zur erhabenen Überzeugung von der Relativität jeder positiven Form – und der wahrhaften Unabhängigkeit eines reifen Geistes von jeder individuellen Form, die ihm nichts als notwendiges Werkzeug ist. Die Zeit muß kommen, wo politischer Entheism und Pantheism als notwendige Wechselglieder aufs innigste verbunden sein werden.

IV. TEPLITZER FRAGMENTE

1. Gefühl des Gefühls ist schon Empfindung; Empfindung der Empfindung u. s. fort.

2. Jedes Glied des Körpers ist aller Krankheiten fähig, denen eins seiner Mitglieder unterworfen ist.

3. Meister ist reiner Roman; nicht wie die andern Romane mit einem Beiworte. Historische Ansicht Meisters.

4. Noten an den Rand des Lebens.

5. Thetische Bearbeitung des neuen Testaments oder der christlichen Religion. – Ist die Umarmung nicht etwas dem Abendmahl Ähnliches? Mehr über das Abendmahl.

6. Mystizismus des gesunden Menschenverstandes. (Steinbart [Kleinjogg]. Campe. Asmus. Plurimi.)

7. Individuelles; selbstgegebner Name jedes Dings.

8. Noten zum täglichen Leben. Über das Schlafengehn, das Müßiggehn, *Essen.* Abend, Morgen, das Jahr. Die Wäsche. Tägliche Beschäftigungen und Gesellschaften. Umgebung, Meublement, Gegend und Kleidung etc.

9. Überschriften zu den Fragmenten.
Was soll ein Titel sein? ein organisches, individuelles

Wort, oder eine genetische Definition, oder der Plan, mit Einem Worte, eine allgemeine Formel. Er kann aber noch mehr sein und noch etwas ganz anders.

10. Wo ist der Urkeim, der Typus der ganzen Natur zu finden? Die Natur der Natur?

11. Jedes spezifische Faktum ist Quell einer besondern Wissenschaft.

12. Was ist der Bauer?

13. Was haben mehrere Menschen zusammen für eine Misch- oder Mittelkonstitution, Gesundheit, Krankheit? Kann man sie zusammen als Ein Individuum nach den Indikationen dieser komponierten Krankheit kurieren?

14. Die Forderung, die gegenwärtige Welt für die Beste und die absolut Meine anzunehmen, ist ganz der gleich, meine mir angetraute Frau für die Beste und Einzige zu halten, und ganz für Sie und in ihr zu leben. Es gibt noch viele ähnliche Fordrungen und Ansprüche, deren Aner-kennung derjenige zur Pflicht macht, der einen für immer entschiednen Respekt für alles, was geschehn ist, hat – der historisch religiös ist, der absolute Gläubige und Mystiker der Geschichte überhaupt, der echte Lieb-haber des Schicksals. Das Fatum ist die mystifizierte Geschichte. Jede willkürliche Liebe, in der bekannten Bedeutung, ist eine Religion, die nur Einen Apostel, Evangelisten und Anhänger hat und haben und Wech-selreligion sein kann – aber nicht zu sein braucht.

Wo der Gegenstand die Eifersucht seiner Natur nach ausschließt, so ist es die christliche Religion, die christliche Liebe.

15. Begriff von Philologie: Sinn für das Leben und die Individualität einer Buchstabenmessung. Wahrsager aus Chiffern; Letternaugur. Ein Ergänzer. Seine Wissenschaft entlehnt viel von der materialen Tropik. Der Physiker, der Historiker, der Artist, der Kritiker etc. gehören alle in dieselbe Klasse. (Weg vom Einzelnen aufs Ganze – vom Schein auf die Wahrheit et sic porro. Alles befaßt die Kunst und Wissenschaft, von Einem aufs Andere, und so von Einem auf Alles, rhapsodisch oder systematisch zu gelangen; die geistige Weisekunst, die Divinationskunst.)

16. Nichts ist dem Geist erreichbarer, als das Unendliche.

17. Sofie, oder über die Frauen.

18. Vorrede und Motto zu den Fragmenten.

19. Verhältnisse des Titels, Plans und Inhaltsverzeichnisses. Notwendigkeit einer *Nachrede*.

20. Ist der äußere Reiz vielleicht nur zur Bewußtwerdung nötig? – Die Wirkung erfolgt jetzt nicht, sondern wir werden sie uns jetzt nur bewußt. – Es kommt uns vor, als geschähe es erst jetzt – und zwar durch Sollizitation von außen. Der Verstand trennt nur zum Behuf seines Zwecks des Trennens [B⟨ewußt⟩S⟨seins⟩].

21. An schlechten und mittelmäßigen Schriftstellern ließe sich noch mancher schöne Kranz verdienen. Man hat bisher fast lauter Schlechtes und Mittelmäßiges über dieselben – und doch würde eine Philosophie des Schlechten, Mittelmäßigen und Gemeinen von der höchsten Wichtigkeit sein.

22. Ein Roman ist ein Leben als Buch. Jedes Leben hat ein Motto, einen Titel, einen Verleger, eine Vorrede, Einleitung, Text, Noten etc., oder kann es haben.

23. Philologie im Allgemeinen ist die Wissenschaft der Literatur. Alles, was von Büchern handelt, ist philologisch. Noten, Titel, Mottos, Vorreden, Kritiken, Exegesen, Kommentare, Zitaten sind philologisch. Rein philologisch ist es, wenn es schlechterdings nur von Büchern handelt, sich auf solche bezieht und sich durchaus nicht auf die Originalnatur direkte wendet. Mottos sind philologische Texte. – Sie ist teils philosophisch, teils historisch; jenes ist ihr reiner Teil, dies ihr angewandter. Gelehrter im strengen Sinn ist nur der Philolog. Diplomatie ist philologisch, – die Historie auch.

24. Philosophie des Lebens enthält die Wissenschaft vom unabhängigen, selbstgemachten, in meiner Gewalt stehenden Leben – und gehört zur Lebenskunstlehre, oder dem System der Vorschriften, sich ein solches Leben zu bereiten. Alles Historische bezieht sich auf ein Gegebnes, so wie gegenteils alles Philosophische sich auf ein Gemachtes bezieht. – Aber auch die Historie hat einen philosophischen Teil.

25. Unsere Meinung, Glaube, Überzeugung von der Schwierigkeit, Leichtigkeit, Erlaubtheit und Nichterlaubtheit, Möglichkeit und Unmöglichkeit, Erfolg und Nichterfolg etc. eines Unternehmens, einer Handlung bestimmt in der Tat dieselben. Z. B., es ist etwas mühselig und schädlich, wenn ich glaube, daß es so ist, und so fort. Selbst der Erfolg des Wissens beruht auf der Macht des Glaubens. In allem Wissen ist Glauben.

26. Allgemeine Sätze sind nichts, als algebraische Formeln. Die reine Philosophie ist daher gerade so etwas, wie die Lettern-Algebra. So eine Formel kann ein Gattungs, ein Klassen- und Lokalzeichen sein – methodischer Name einer echten genetischen Definition. Definition ist ein Faktum. Die Bezeichnung dieses Faktums ist die gemeinhin sogenannte Definition. (Auf eine ähnliche Weise wie sich die Logarythmen auf die geometrischen Progressionen beziehn, kann sich der Mechanism auf den Organism beziehn: bloß Bezeichnungsweise.)

27. Auch die Grammatik ist philologisch zum Teil; der andre Teil ist philosophisch.

28. Die eingezogene Erziehung der Mädchen ist für häusliches Leben und Glück darum so vorteilhaft, weil der Mann, mit dem sie nachher in die nächste Verbindung treten, einen desto tiefern und einzigen Eindruck auf sie macht, welches zur Ehe unentbehrlich ist. Der Erste Eindruck ist der mächtigste und treuste, der immer wiederkommt, wenn er auch eine Zeitlang verwischt scheinen kann.

29. Echte Kunstpoesie ist bezahlbar. Die Poesie aus Bedürfnis – die Poesie, als Charakterzug, als Äußerung
meiner Natur, kurz die sentimentale Poesie läßt sich
aber nur ein indelikater, roher Mensch bezahlen.

30. Die Welt ist ein Universaltropus des Geistes, ein
symbolisches Bild desselben.

31. Das Epigramm ist die Zentralmonade der altfran-
zösischen Literatur und Bildung.

32. Charaktere, wie die Theophrastischen, müssen
nicht wahr, aber sie müssen durchaus witzig sein. Es
müssen eine Masse Einfälle sein, die für den Geist einen
Charakter ohngefähr so darstellen, wie die Buchstaben
in einer geschriebenen Zeichnung einen Kopf oder sonst
etwas.

33. Der vollkommenste Charakter würde der durch-
sichtige, der von selbst verständliche, der unendlich
leicht und natürlich scheinende, durchaus bekannte,
deshalb unbemerkte, übersehene und elastische sein.

34. Das Bekannte, worauf der Philosoph alles reduzieren, und wovon er ausgehn soll, muß das Urbekannte, –
das absolut Bekannte sein. Alles Vollkommne ist uns
natürlich und absolut bekannt.

35. Symbolische Behandlung der Naturwissenschaften.
Was symbolisiert unser gewöhnliches Leben? Es ist ein
Erhaltungsprozeß.

36. Alle Bezauberung ist ein künstlich erregter Wahnsinn. Alle Leidenschaft ist eine Bezauberung. Ein reizendes Mädchen eine reellere Zauberin, als man glaubt.

37. Über den Spruch: des Menschen Wille ist sein Himmelreich.

38. Tout est Vanité – ist der empirische Idealism. C'est la Philosophie des Esprits forts, des Gens du Monde, le Précipité d'une Vie vague et variée au possible. Tous les Vieillards, surtout, qui ont bien joui de leur Vie, prêchent ce système. Le jeune homme vigoureux l'entend et va préférer une Vanité gaie à une Vanité triste. Une Vérité triste n'est aussi qu'une Vanité, qui a perdu son teint frais et coloré, ses lèvres vermeilles, et la marche légère. Laideur de la Vieillesse est-ce qu'elle est donc plus réelle, que la beauté du premier Age – parcequ'elle est la dernière? C'est donc le dernier, qui a toujours Raison?

39. Jedes Buch, was der Mensch mit oder ohne Absicht, als solcher geschrieben hat, was also nicht sowohl Buch, als geschriebene Gedanken- und Charakteräußerung ist, kann so mannigfaltig beurteilt werden, als der Mensch selbst. Hier ist kein Künstler, sondern der echte Menschenkenner kompetent; es gehört nicht für ein artistisches, sondern für ein anthropologisches Forum. So einseitig und unbillig, so arbiträr und inhuman Menschen beurteilt werden, eben so auch diese Art Schriften. Es gibt so wenig reifen Sinn für universelle Humanität – daß man sich auch über die Kritiken dieser Schriften nicht wundern darf. Gerade das Beste wird am

leichtesten übersehen; auch hier findet der Kenner, für den der Mensch erst eigentlich vorhanden ist, unter dessen Augen er wird, unzählbare Nuancen, Harmonien und Gelungenheiten; nur er weiß sie zu apprezieren und bewundert vielleicht in einer sehr mittelmäßig, oder gar schlecht scheinenden Schrift eine seltne Kombination und Ausbildung menschlicher Anlagen, die herrliche Naturkunst eines Geistes, der sich ihm in einer barbarischen Form offenbart, weil er nur das Talent des schriftlichen Ausdrucks nicht besaß, oder vernachlässigte.

40. Fragmente über den Menschen.

41. Das Schwächungs- und Abhärtungssystem der strengen Moralisten und strengen Asketen ist nichts, als das bekannte, bisherige Heilungssystem in der Medizin. Ihm entgegen muß man ein Brownisches Stärkungssystem setzen, wie dem letztern. Hat dies schon jemand versucht? Auch hier werden die bisherigen Gifte und reizenden Substanzen eine große Rolle spielen, und Wärme und Kälte ebenfalls ihre Rollen wechseln.

42. Eine reizbare Vernunft ist eine schwächliche, zärtliche. Daher die Moralisten und Bemerker oft so schlechte Praktiker.

43. Les femmes sind um deswillen der Pol, um den sich die Existenz und La Philosophie der Vornehm-Klugen dreht, weil sie zugleich Körper und Seele affizieren. Auch Sie lieben die Ungeteiltheit und setzen einen un-

umschränkten Wert auf diesen gemischten Genuß; dieser Geschmack geht auf alles über: das Bett soll weich und die Form und Stickerei hübsch, das Essen delikat, aber auch animierend sein und so durchaus.

An den Femmes reibt sich auch ihr schreibender Verstand gern, drum haben sie so viel darüber geschrieben.

Jeder sieht überall sein Bild; daher findet die Eitelkeit alles eitel.

Nichts ist *tröstender*, als das Bild des Zustandes, zu welchem La Philosophie du monde führt, welches unabsichtlich und wahrhaft naiv die konsormierten und konsumierten Weltleute von sich und ihrer Denkungsart in ihren Schriften und Reden ausstellen. Tröstlich und anlockend wahrhaftig nicht; ein an Unannehmlichkeit dreifach verstärktes Alter – so wie gegenteils die Jugend auch dreimal gepfeffert war.

La vraie Philosophie gehört zu der passiven Wissenschaft des Lebens. Sie ist eine natürliche, antithetische Wirkung dieses Lebelebens, aber kein freies Produkt unsrer magischen Erfindungskraft.

Auch im Schlimmen gibts eine Progression. Wenn man sich gehn läßt, so entsteht allmählich ein Ungeheuer in seiner Art. So in Brutalität, in Grausamkeit, Frömmelei etc.

44. Jedes Geschäft muß künstlerisch behandelt werden, wenn es sicher und dauernd und durchaus zweckmäßig gelingen soll.

45. Leute, wie Ligne, Voltaire und Boufflers, halten sich für absolute Esprits und glauben, daß sie selbst unab-

sichtlich sich als Esprits zeigen. Sie essen, träumen und machen selbst Sottisen mit Esprit. Kreatoren und Annihilanten des Esprit.

46. Brown ist der Arzt unserer Zeit. Die herrschende Konstitution ist die Zärtliche, die Asthenische. Das Heilsystem ist das natürliche Produkt der herrschenden Konstitution –, daher es sich mit dieser ändern muß.

47. La Mémoire ne se comporte pas bien avec la sensibilité – comme avec le jugement – ce qui devient clair par le fait, qu'une grande douleur l'affaiblit. (du Prince de Ligne.)

48. Brownische Psychologie.

49. Mit Ärzten und Geistlichen macht sich kein Großer Bedenken, öffentlich und vertraut zu erscheinen, denn jeder, der ihm begegnet, ahndet so gut, wie er, die Unentbehrlichkeit dieser Leute in unvermeidlichen Stunden.

50. Nur der keine Gesellschaft bedarf, ist bon Compagnon. Nur dieser wird, von der Gesellschaft unabhängig, sie haben und mannigfach reizen und nach willkürlichen Plan behandeln können. Die Andren werden von ihm gehabt und haben ihn nicht. Die Gesellschaft muß mich nicht reizen, wenn ich sie reizen will. Sie muß Appetit zu mir haben, und ich muß mich nach ihrer Konstitution stimmen können, welche Gabe man Takt im allgemeinen nennen könnte. Ich muß nur den pas-

siven Willen haben mich hinzugeben, mich genießen zu
lassen, mich mitzuteilen.

51. Les femmes haben sich nicht über Ungerechtigkeit
zu beklagen. Schade, wenn eine Frau dabei war! Die
Beauxesprits haben in Rücksicht des femmes vollkommen recht. Wer wird aber Les femmes mit den Frauen
verwechseln?

52. Les Femmes sind Muster der zärtlichsten, weiblich-
sten Konstitution, höchste Asthenien, mit einem Mini-
mum von Vernunft. So werden sie sehr begreiflich.
Annihilantinnen der Vernunft.
   Über die Mode. Sollte der höchste Reiz für einen
Astheniker eine Asthenische sein? und umgekehrt.

53. Sinne der ersten, zweiten, dritten Hand etc.

54. Dürfte es wohl eine Dame geben, die sich aus echter
Liebe zum Putz, aus uneigennützigem Geschmack gut
anzöge?

55. Mancher Skeptizismus ist nichts, als unreifer Idealism. Realist ist der Idealist, der von sich selbst nichts
weiß. – Der rohe Idealism – der aus der ersten Hand ist
der Realism.

56. Ähnlichkeit und Unähnlichkeit von Asmus und
Ligne und Voltaire. Auch Jacobi gehört zu den transzendenten Empirikern. Empiriker ist: in dem die Denkungsart eine Wirkung der Außenwelt und des Fatums

ist, – der passive Denker – dem seine Philosophie gegeben wird. Voltaire ist reiner Empiriker und so mehrere französische Philosophen. Ligne neigt unmerklich
zu den transzendenten Empirikern. Diese machen den
Übergang zu den Dogmatikern. Von da gehts zu den
Schwärmern oder den transzendenten Dogmatikern,
dann zu Kant, von da zu Fichte und endlich zum magischen Idealism.

57. Die Geschichte der Philosophen gehört zur philo-
logischen Philosophie.

Man hat bisher Geschichte der Bildung der Menschheit, Geschichte der Philosophen und Geschichte der
Philosophie immer vermengt – man hat nur die lexi-
kographische Vollständigkeit gesucht, und dadurch entstehn eben die Zwitter und Monstren, daß man z. B.
unter den Artikel Philosophie alles bringt, was die Philosophie nur irgend berührt, wo nur das Wort Philosophie etc. vorkommt.

58. Von wie wenig Völkern ist eine Geschichte möglich! Diesen Vorzug erwirbt ein Volk nur durch eine
Literatur, oder durch Kunstwerke, denn was bleibt sonst
von ihm Individuelles, Charakteristisches übrig? Es ist
natürlich, daß ein Volk erst geschichtlich wird, wenn es
ein Publikum wird. Ist denn der Mensch geschichtlich,
eh er mündig ist und ein eignes Wesen vorstellt?

59. Paradoxien beschämen immer – daher sie auch so
verschrieen sind.

60. Das wäre ihnen die Liebste, die die glänzendste Tugend gegen die Andern und die reizendste Wollust für sie –, die überall angebetete Tyrannin gegen alle, und die anbetende Sklavin gegen sie allein wäre.

61. Auch Männern kann man absolut anhänglich sein, so gut wie Frauen. (Ein offner, edler Charakter – überall sichtbar.)

62. Das Herz ist der Schlüssel der Welt und des Lebens. Man lebt in diesem hilflosen Zustande, um zu lieben und Andern verpflichtet zu sein. Durch Unvollkommenheit wird man der Einwirkung Andrer fähig, und diese fremde Einwirkung ist der Zweck. In Krankheiten sollen und können uns nur Andre helfen. So ist Christus, von diesem Gesichtspunkt aus, allerdings der Schlüssel der Welt.

63. Ökonomie im weitesten Sinne begreift auch die Lebensordnungslehre. Es ist die praktische Wissenschaft im Ganzen. Alles Praktische ist ökonomisch.

64. Selbstempfinden (ist) wie Selbstdenken: aktives Empfinden. Man bringt das Empfindungsorgan wie das Denkorgan in seine Gewalt.

65. Wer viel Vernunft in gewissen Sinn hat, bei dem wird alles Einzig: Seine Leidenschaften, seine Lage, seine Begebenheiten, seine Neigungen, kurz alles, was ihn berührt, wird absolut – zum Fato.

66. Echte Unschuld geht, so wenig wie echtes Leben, verloren. Die gewöhnliche Unschuld ist nur Einmal wie der Mensch da und kommt so wenig wieder, als er. Wer, wie die Götter, Erstlinge liebt, wird nie an der zweiten Unschuld den Geschmack finden, wie an der Ersten, ohngeachtet die Letztere mehr ist, wie die Erste. Manches kann nur Einmal erscheinen, weil das Einmal zu seinem Wesen gehört. Unser Leben ist absolut und abhängig zugleich. Wir sterben *nur gewissermaßen.* Unser Leben muß also zum Teil Glied eines größern, gemeinschaftlichen Lebens sein.

67. Ein gemeinschaftlicher Schiffbruch etc. ist eine Trauung der Freundschaft oder der Liebe.

68. Die Hypochondrie bahnt den Weg zur körperlichen Selbstkenntnis – Selbstbeherrschung und Selbstlebung.

69. Ob das Erst Sehn und Dann Lesen oder das Umgekehrte vorzuziehn ist? Kunst, sehn zu lassen – Kunst zu schreiben.

70. On dédaigne la Boue – pourquoi? Ne sommes-nous pas de la boue parvenus? Partout de la boue, rien que de la boue, et on s'étonne, que la boue n'a pas changé de Nature.

71. S'il faut, que Dieu nous aime, et que Dieu est tout, il faut bien aussi, que nous soyons rien.

72. Une forte quantité d'opinions est fondée sur le principe que nous sommes rien. Les Meilleurs ajoutent, que nous sommes pourtant susceptibles d'une certaine Espèce de Valeur absolue – en nous reconnaissant pour rien, et en croyant à l'amour de Dieu.

73. Das gewöhnliche Leben ist ein Priesterdienst, fast wie der vestalische. Wir sind mit nichts, als mit der Erhaltung einer heiligen und geheimnisvollen Flamme beschäftigt – einer doppelten, wie es scheint. Es hängt von uns ab, wie wir sie pflegen und warten. Sollte die Art ihrer Pflege vielleicht der Maßstab unserer Treue, Liebe und Sorgfalt für das Höchste, der Charakter unsers Wesens sein? Berufstreue – symbolisches Zeichen unsrer Religiosität, d. i. unsres Wesens? (Feueranbeter.)

74. L'homme en Général est un Alcibiade: A Force d'Amabilité il est partout l'enfant flatteur de la Nature. Par Complaisance envers elle il est Nègre et Esquimau, Européen et Tatare, Jaméo et Grec selon l'usage du pays.

75. Man kann immer zugeben, daß der Mensch einen vorwaltenden Hang zum Bösen hat – desto besser ist er von Natur, denn nur das Ungleichartige zieht sich an.

76. Böse Menschen müssen das Böse aus Haß gegen die Bösen tun. Sie halten alles für böse, und dann ist ihr zerstörender Hang sehr natürlich – denn so wie das Gute das Erhaltende, so ist das Böse das Zerstörende. Dies reibt sich am Ende selbst auf, und widerspricht sich sogar im Begriff, dahingegen jenes sich selbst bestätigt

und in sich selbst besteht und fortdauert. Die Bösen müssen wider ihren, und mit ihrem Willen zugleich böse handeln. Sie fühlen, daß jeder Schlag sie selbst trifft, und doch können sie das Schlagen nicht lassen. Bosheit ist nichts, als eine Gemütskrankheit, die in der Vernunft ihren Sitz hat und daher so hartnäckig und nur durch ein *Wunder* zu heilen ist.

77. Die *Anstrengung* überhaupt bringt nur, als indirekter, vorbereitender Reiz, eine Operation zu Stande. In der rechten Stimmung, die dadurch entstehn kann, gelingt alles von selbst. Der Mangel an mehreren, zugleich gegenwärtigen Ideen etc. rührt von Schwäche her. In der vollkommensten Stimmung sind alle Ideen gleich gegenwärtig; in dieser ist auch keine Passion, kein Affekt möglich; in ihr ist man wahrhaft im Olymp und die Welt zu unsern Füßen. Die Selbstbeherrschung geht in ihr von selbst von Statten. Kurz, alles scheint von selbst zu geschehn, wenn das rechte Medium vorhanden ist, wenn das Hindernis gehoben wird. Alle Konstruktion ist also indirekt. On ne fait pas, mais on fait, qu'il se puisse faire. In einer gewissen Höhe der Sensation ist man von selbst, ohne Zutun tugendhaft und genialisch.

78. Unser ganzes Leben ist Gottesdienst.

79. Die meisten Schriftsteller sind zugleich ihre *Leser*, indem sie schreiben, und daher entstehn in den Werken so viele Spuren des Lesers, so viele kritische Rücksichten, so manches, was dem Leser zukommt und nicht dem Schriftsteller. Gedankenstriche – großgedruckte Worte –

herausgehobene Stellen − alles dies gehört in das Gebiet des Lesers. Der Leser setzt den *Akzent* willkürlich; er macht eigentlich aus einem Buche, was er will. (Schlegels Behandlung Meisters.) (Ist nicht jeder Leser ein Philolog?) Es gibt kein allgemeingeltendes Lesen, im gewöhnlichen Sinn. Lesen ist eine freie Operation. Wie ich und was ich lesen soll, kann mir keiner vorschreiben.

(Soll nicht der Schriftsteller Philolog bis in die unendliche Potenz zugleich − oder gar nicht Philolog sein? Der Letztere hat literarische Unschuld).

80. Elemente des *Gliedes*, und Elemente des *Individuums* müssen streng unterschieden werden; denn ein Individuum kann Glied zugleich sein.

81. Über die Charakteristik. (der Geizige, Stolze, Eitle, etc. − Im Guten und Bösen und in mannigfaltigen Variationen.)

82. Eine Idee ist desto gediegener, *individueller* und reizender, je mannigfaltigere Gedanken, Welten und Stimmungen sich in ihr kreuzen, berühren. Wenn ein Werk mehrere *Veranlassungen*, mehrere Bedeutungen, mehrfaches Interesse, mehrere Seiten überhaupt, mehrere Arten verstanden und geliebt zu werden hat, so ist es gewiß höchst interessant − ein echter Ausfluß der *Persönlichkeit*. Wie sich die höchsten und gemeinsten Menschen, die höchst- und gemeinverständlichsten, gewissermaßen gleichen, so auch mit den Büchern. Vielleicht gleicht das höchste Buch einem Abc-Buch. Überhaupt ist es mit den Büchern und mit allen, so wie

mit den Menschen. Der Mensch ist eine Analogienquelle für das Weltall.

83. Von der Trüglichkeit und Alldeutigkeit aller Symptome. Demohngeachtet sind sie auch nur zweideutig – und mit einem disjunktiven Urteil wird man immer den Knopf treffen. (Jedes ist der höchsten, der niedrigsten und der neutralen Auslegung fähig.)

84. Die Unschuld des Königs und der Königin. Der Anfang der Regierung. Die Forderungen an ihn. Braucht ein König sehr in Sorgen zu sein? Preußens Aussichten. Finanzen. Über meinen Aufsatz. Phantasie des Königs.

85. Das Postulat des weiblichen Mystizism ist gang und gäbe. Alles fordert von den Frauen unbedingte Liebe zum ersten, besten Gegenstande. Welche hohe Meinung von der freien Gewalt und Selbstschöpfungskraft ihres Geistes setzt dies nicht voraus.

86. Das *Augenspiel* gestattet einen äußerst mannigfaltigen Ausdruck. Die übrigen Gesichtsgebärden, oder Mienen, sind nur die Konsonanten zu den Augenvokalen. Physiognomie ist also die Gebärdensprache des Gesichts. Er hat viel Physiognomie, heißt: sein Gesicht ist ein fertiges, treffendes und idealisierendes Sprachorgan. Die Frauen haben vorzüglich eine idealisierende Physiognomie. Sie vermögen die *Empfindungen* nicht bloß wahr, sondern auch reizend und schön, idealisch auszudrücken. Langer Umgang lehrt einen die Gesichtssprache verstehn. Die vollkommenste Physiogno-

mie muß allgemein und absolut *verständlich* sein. Man könnte die Augen ein Lichtklavier nennen. Das Auge drückt sich auf eine ähnliche Weise, wie die Kehle, durch höhere und tiefere Töne (die Vokale), durch schwächere und stärkere Leuchtungen aus. Sollten die Farben nicht die Lichtkonsonanten sein?

87. *Stimmungen*, unbestimmte *Empfindungen*, nicht bestimmte Empfindungen und Gefühle machen glücklich. Man wird sich wohl befinden, wenn man keinen besondern Trieb, keine bestimmte Gedanken- und Empfindungsreihe in sich bemerkt. Dieser Zutand ist wie das Licht ebenfalls nur heller oder dunkler. Spezifische Gedanken und Empfindungen sind seine Konsonanten. Man nennt es Bewußtsein. Vom vollkommensten Bewußtsein läßt sich (sagen), daß es sich alles und nichts bewußt ist. Es ist Gesang, bloße Modulation der Stimmungen – wie dieser der Vokale oder Töne. Die innere Selbstsprache kann dunkel, schwer und barbarisch – und griechisch und italienisch sein – desto vollkommner, je mehr sie sich dem Gesange nähert. Der Ausdruck: er versteht sich selbst nicht, erscheint hier in einem neuen Lichte. Bildung der Sprache des Bewußtseins, Vervollkommnung des Ausdrucks, Fertigkeit sich mit sich selbst zu besprechen. Unser Denken ist also eine Zweisprache, unser Empfinden Sympathie.

88. Der größeste Zauberer würde der sein, der sich zugleich so bezaubern könnte, daß ihm seine Zaubereien wie fremde, selbstmächtige Erscheinungen vorkämen. Könnte das nicht mit uns der Fall sein?

89. Jahrszeiten, Tagszeiten, Leben und Schicksale sind alle, merkwürdig genug, durchaus ryhthmisch, metrisch, taktmäßig. In allen Handwerken und Künsten, allen Maschinen, den organischen Körpern, unsren täglichen Verrichtungen, überall: Rhythmus, Metrum, Taktschlag, Melodie. Alles was wir mit einer gewissen Fertigkeit tun, machen wir unvermerkt rhythmisch. Rhythmus findet sich überall, schleicht sich überall ein. Aller Mechanism ist metrisch, rhythmisch. Hier muß noch mehr drin liegen. − Sollt es bloß Einfluß der Trägheit sein?

90. Über die eigentliche Schwächung durch Debauchen. Durch viele indirekte Asthenie entsteht endlich direkt asthenische Disposition. Dies begünstigt Browns Meinung von der quantitativen Erregbarkeit.

91. Schlaf, Nahrung, Anzug und Reinigung, mündliche, schriftliche und handgreifliche Geschäfte (für mich, für den Staat, für meine Privatzirkel, für Menschen, für Welt.) Gesellschaft, Bewegung, Amusement, Kunsttätigkeit.

92. Mechanischer Gottesdienst. Die katholische Religion ist weit sichtbarer, verwebter und familiärer, als die protestantische. Außer den Kirchtürmen und der geistlichen Kleidung, die doch schon sehr temporisiert, sieht man nichts davon.

93. Alle Zerstreuung schwächt. Durch fremde Gegenstände, die mich reizen, ohne mich zu befriedigen –
oberflächlich – werde ich zerstreut. Mir ist deshalb die
Zerstreuung zuwider, weil sie mich entkräftet. Nützlich
ist sie bei sthenischen Zufällen. Gegen Ernst und Leidenschaft ist sie mit Nutzen zu gebrauchen. (Die Menschen werden künftig in medizinischer Hinsicht mehr
zusammenhalten müssen.)

94. Medizin und Kur um ihrer selbst willen. Schöne
Medizin und schöne Kur. Beide sollen nichts bewirken.
Man braucht, um zu brauchen. Man nimmt die Medizin
um ihrentwillen.

95. Vorrede und Kritik der Fragmente in Fragmenten.

96. Gemüt – Harmonie aller Geisteskräfte – Gleiche
Stimmung und harmonisches Spiel der ganzen Seele.
Ironie = Art und Weise des Gemüts.

97. Frauen – Kinder – Esprit des Bagatelles. Art der
Konversation mit ihnen. Die Muster der gewöhnlichen
Weiblichkeit empfinden die Grenzen der jedesmaligen
Existenz sehr genau und hüten sich gewissenhaft die-
selben zu überschreiten; daher *ihre* gerühmte Gewöhn-
lichkeit – praktische Weltleute.

Sie mögen selbst übertriebne Feinheiten, Delikates-
sen, Wahrheiten, Tugenden, Neigungen nicht leiden. Sie
lieben Abwechselung des Gemeinen, Neuheit des Gewöhnlichen; keine neuen Ideen, aber neue Kleider,
Einförmigkeit im Ganzen, oberflächliche Reize. Sie lie-

ben den Tanz, vorzüglich wegen seiner Leichtigkeit, Eitelkeit und Sinnlichkeit. Zu guter Witz ist ihnen fatal – so wie alles Schöne, Große und Edle. Mittelmäßige und selbst schlechte Lektüre, Akteurs, Stücke etc., das ist ihre Sache.

98. Über den Hanswurst und komische Rollen überhaupt.

99. Ordinäre Menschen ohne es zu wissen und zu wollen. Ordinäre Menschen aus Absicht und mit Wahl. Glücklicher Instinkt der Gemeinheit. *Geborne* ordinäre Menschen. – (Synthese des ordinären und extraordinären Menschen.)

100. Geborne Menschenbeherrscher.

101. Absolute Hypochondrie. Hypochondrie muß eine *Kunst* werden, oder Erziehung werden.

102. Unterschied zwischen Sitten und Gebräuchen (Langeweile und Mangel an Reizen des Seelebens drückt sich in den Reisebeschreibungen aus.) (Industrie, bestes Surrogat der Religion und Gegenmittel gegen alle Leidenschaften. Industrie der Not, Krankheit und Trägheit, Industrie des Überflusses, der Kraft und Gesundheit, oder Kunstindustrie.) Mancher wird erst dann witzig, wenn er sich dick gegessen hat, wenn er müde ist oder recht faul oder gedankenlos behaglich, wenn der üppige Wuchs und Andrang seiner Ideen gehemmt ist und er überhaupt körperlich gesättigt ist, wenn er so in

Not ist, daß er über die Not ist, wenn er nichts mehr zu verlieren hat etc.

103. Bloße Gedanken, ohne eine gewisse Aufmerksamkeit auf dieselben, und Zueignung, wirken so wenig, wie bloße Gegenstände. Dadurch daß man häufig an reizende Gegenstände eines Sinnes wirksam denkt, wird dieser Sinn geschärft, er wird reizbarer. So wenn man häufig an lüsterne Dinge denkt, werden die Gst. (Geschlechtsteile?) empfänglicher, der Magen durch Gedanken an schmackhafte Speisen, der Kopf auf dieselbe Art, und so durchaus. − Methode eine schwächliche Konstitution zu verbessern. (Übung, allmähliche).

104. Die sogenannten falschen Tendenzen sind die besten Mittel vielseitige Bildung zu bekommen.

105. Liebe ohne Eifersucht ist nicht persönliche Liebe, sondern indirekte Liebe − man kann Vernunftliebe sagen; denn man liebt hier nicht, als Person, sondern als Glied der Menschheit. Man liebt die Rivale mehr, wie den Gegenstand.

ERGÄNZUNGEN

Mit Recht können manche Weiber sagen, daß sie ihren Gatten in die Arme *sinken.* — Wohl denen, die ihren Geliebten in die Arme *steigen.*

In der moralischen Welt wird das Pudern mit Erdenstaub für ein notwendiges Stück des anständigen, sittlichen Anzugs gehalten. Nur der gemeine Mann und die Jugend dürfen die natürliche schöne, lichte und dunkle Farbe ihrer Haare zeigen. Wenn man auch den Kopf allenfalls damit puderte, so sollte man doch wenigstens von der Brust diesen Schmutz mit einer weißen Hülle abhalten.

Der vornehmere Stand kann durchgehends als das veredelte Bild des gemeinen Standes angesehen werden. Die genaue, wörtliche Vergleichung des Originals und der Bearbeitung ist sehr interessant und bietet Stoff zu artigen Bemerkungen. Neulich z. B. wie ich die Lucinde des Herrn Schlegels las, entdeckte ich einen unterhaltenden Zug: der Bauer bearbeitet den Mist mit der Mistgabel — der Gelehrte mit der Feder; die zwei Zinken der Gabel zeigen sich noch im gespaltenen Schnabel der Feder zierlich versteckt, und leiten den Etymologen der Feder.

Es gibt drei Hauptmenschenmassen: Wilde, zivilisierte Barbaren, Europäer. Der Europäer ist so hoch über den Deutschen, als dieser über den Sachsen, der Sachse über den Leipziger. Über ihn ist der Weltbürger. Alles Nationale, Temporelle, Lokale, Individuelle läßt sich universalisieren und so kanonisieren und allgemein machen. Christus ist ein so veredelter Landsmann. Dieses individuelle Kolorit des Universellen ist sein romantisierendes Element. So ist jeder National und selbst der persönliche Gott ein romantisiertes Universum. Die Persönlichkeit ist das romantische Element des Ichs.

Grundverschiedenheit des alten und neuen Testaments. Warum Palästina und die Juden zur Gründung der christlichen Religion erwählt wurden. Wie die Juden zu Grunde darüber gingen, so die Franzosen bei der jetzigen Revolution. (Medizinische Ansicht der französischen Revolution. Wie mußten sie kuriert werden – Ihr Heilungsplan – Wie werden wir indirekt durch sie kuriert?)

Asthenie der Chinesen – Einmischung der Tataren. Medizinische Behandlung der Geschichte der Menschheit.

Es fehlt uns nicht an Gelegenheit Menschen außer der Welt, und zwar vor und nach der Welt zu betrachten, – zu Menschen und nicht zu Menschen bestimmte Stamina. Jenes Kinder; dieses Alte.

Sollte nicht für die Superiorität der Frauen der Umstand sprechen, daß die Extreme ihrer Bildung viel frappanter sind als die Unsrigen? Der verworfenste Kerl ist vom trefflichsten Mann nicht so verschieden, als das elende Weibsstück von einer edlen Frau. Nicht auch der, daß man sehr viel Gutes über die Männer, aber noch nichts Gutes über die Weiber gesagt findet? Haben sie nicht die Ähnlichkeit mit dem Unendlichen, daß sie sich nicht quadrieren, sondern nur durch Annäherung finden lassen? Und mit dem Höchsten, daß sie uns absolut nah sind und doch immer gesucht, daß sie absolut verständlich sind und doch nicht verstanden, daß sie absolut unentbehrlich, und doch meistens entbehrt werden. Und mit höheren Wesen, daß sie so kindlich, so gewöhnlich, so müßig und so spielend erscheinen? –

Auch ihre größere Hilflosigkeit erhebt sie über uns, so wie ihre größere Selbstbehilflichkeit, ihr größeres Sklaven- und ihr größeres Despotentalent; und so sind sie durchaus über uns und unter uns und dabei doch zusammenhängender und unteilbarer, als wir.

Würden wir sie auch lieben, wenn dies nicht so wäre? Mit den Frauen ist die Liebe, und mit der Liebe die Frauen entstanden, und darum versteht man keins ohne das Andre. Wer die Frauen ohne Liebe, und die Liebe ohne Frauen finden will, dem gehts, wie den Philosophen, die den Trieb ohne das Objekt, und das Objekt ohne den Trieb betrachteten und nicht beide im Begriff der Aktion zugleich sahen.

(Materialien.) Was noch nicht a leur portée ist, ist noch nicht reif. Ihre Beschäftigungen. Was sie jedem Alter sind. Ihre Erziehung.

Ihr Zirkel. Sie sind wie die vornehmen Römer, nicht zum Verfertigen, sondern zum Genuß der Resultate da – zum Ausüben, nicht zum Versuchen.

Chevalerie. Ihr *Bau* – ihre Schönheit.

Sie sind ein liebliches Geheimnis – nur verhüllt,

nicht verschlossen. Auf ähnliche Weise reizen die philosophischen Mysterien. Hetärie. Ihre Seelenkräfte. Blicke auf die Zukunft. Der Akt der Umarmung – die griechischen Göttinnen. Madonna. Jedes Volk, jede Zeit hat ihren Lieblingsfrauencharakter. Die Frauen in der Poesie. Geliebt zu sein ist ihnen urwesentlich. Über die weiblichen Jahrszeiten. Frauen und Liebe trennt nur der Verstand.

Das Essen ist nur akzentuiertes Leben. Essen, Trinken und Atmen entspricht der dreifachen Abteilung der Körper in feste, flüssige und luftige. Der ganze Körper atmet, nur die Lippen essen und trinken; gerade das Organ, was in mannigfachen Tönen das wieder aussondert, was der Geist bereitet und durch die übrigen Sinne empfangen hat. Die Lippen sind für die Geselligkeit so viel: wie sehr verdienen sie den Kuß. Jede sanfte, weiche Erhöhung ist ein symbolischer Wunsch der Berührung. So ladet uns alles in der Natur figürlich und bescheiden zu seinem Genuß ein, und so dürfte die ganze Natur wohl weiblich, Jungfrau und Mutter zugleich sein.

Das schöne Geheimnis der Jungfrau, was sie eben so unaussprechlich anziehend macht, ist das Vorgefühl der Mutterschaft, die Ahndung einer künftigen Welt, die in ihr schlummert, und sich aus ihr entwickeln soll. Sie ist das treffendste Ebenbild der Zukunft.

Ein Günstling des Glücks sehnte sich die unaussprechliche Natur zu umfassen. Er suchte den geheimnisvollen Aufenthalt der Isis. Sein Vaterland und seine Geliebten verließ er und achtete im Drange seiner Leidenschaft auf den Kummer seiner Braut nicht. Lange währte seine Reise. Die Mühseligkeiten waren groß. Endlich begegnete er einem Quell und Blumen, die einen Weg für eine Geisterfamilie bereiteten. Sie verrieten ihm den Weg zu dem Heiligtume. Entzückt von Freude kam er an die Türe. Er trat ein und sah — seine Braut, die ihn mit Lächeln empfing. Wie er sich umsah, fand er sich in seiner Schlafkammer, und eine liebliche Nachtmusik tönte unter seinen Fenstern zu der süßen Auflösung des Geheimnisses.

Licht ist Symbol der echten Besonnenheit. Also ist Licht der Analogie nach Aktion der Selbstrührung der Materie. Der Tag ist also das Bewußtsein des Wandelsterns, und während die Sonne, wie ein Gott, in ewiger Selbsttätigkeit die Mitte beseelt, tut ein Planet nach dem Andern auf längere oder kürzere Zeit das Eine Auge zu, und erquickt im kühlen Schlaf sich zu neuem Leben und Anschauen. Also auch hier Religion — denn ist das Leben der Planeten etwas anders, als Sonnendienst? Auch hier kommst du uns also entgegen, uralte kindliche Religion der Parsen, und wir finden in dir die Religion des Weltalls.

Je mehr *Gegenstand*, desto größer die Liebe zu ihm, — einem absoluten Gegenstand kommt absolute Liebe entgegen. Zu dir kehr ich zurück, edler Keppler, dessen hoher Sinn ein vergeistigtes, sittliches Weltall sich erschuf, statt daß in unsern Zeiten es für Weisheit gehalten wird — alles zu ertöten, das Hohe zu erniedrigen, statt das Niedre zu erheben und selber den Geist des Menschen unter die Gesetze des Mechanismus zu beugen.

Was ist also die *Sonne*? Ein durch sich erregbarer, mithin immer selbsttätiger, ewig leuchtender Körper. Und ein Planet? Ein relativ erregbarer, für fremde Anregung gestimmter Körper.

Licht ist Vehikel der Gemeinschaft des Weltalls; ist dies echte Besonnenheit in der geistigen Sphäre nicht ebenfalls?

Wie wir, schweben die Sterne in abwechselnder Erleuchtung und Verdunklung; aber uns ist, wie ihnen, im Zustand der Verfinsterung doch ein tröstender, hoffnungsvoller Schimmer, leuchtender und erleuchteter Mitstern gegönnt.

Die Kometen sind wahrhaft exzentrische Wesen, der höchsten Erleuchtung und der höchsten Verdunkelung fähig – ein wahres Ginnistan – bewohnt von mächtigen, guten und bösen Geistern, erfüllt mit organischen Körpern, die sich zu Gas ausdehnen – und zu Gold verdichten können.

Die Nacht ist zweifach: indirekte und direkte Asthenie. Jene entsteht durch Blendung, übermäßiges Licht, diese aus Mangel an hinlänglichen Licht. So gibt es auch eine Unbesonnenheit aus Mangel und Selbstreiz und eine Unbesonnenheit aus Übermaß an Selbstreiz – dort ein zu grobes, hier ein zu zartes Organ. Jene wird durch Verringerung des Lichts oder des Selbstreizes – diese durch Vermehrung derselben gehoben, oder durch Schwächung und Stärkung des Organs. Die Nacht und Unbesonnenheit aus Mangel ist die häufigste. Die Unbesonnenheit aus Übermaß nennt man Wahnsinn. Die verschiedne Direktion des übermäßigen Selbstreizes modifiziert den Wahnsinn.

Das gemeinschaftliche Essen ist eine sinnbildliche Handlung der Vereinigung. Alle Vereinigungen außer der Ehe sind bestimmt gerichtete, durch ein Objekt bestimmte, und gegenseitig dasselbe bestimmende Handlungen. Die Ehe hingegen ist eine unabhängige Totalvereinigung. Alles Genießen, Zueignen und Assimilieren ist Essen, oder Essen ist vielmehr nichts, als eine Zueignung. Alles geistige Genießen kann daher durch Essen ausgedrückt werden. – In der Freundschaft ißt man in der Tat von seinem Freunde, oder lebt von ihm. Es ist ein echter Trope, den Körper für den Geist zu substituieren und bei einem Gedächtnismahle eines Freundes in jedem Bissen mit kühner, übersinnlicher Einbildungskraft, sein Fleisch, und in jedem Trunke sein Blut zu genießen. Dem weichlichen Geschmack unserer Zeiten kommt dies freilich ganz barbarisch vor – aber wer heißt sie gleich an rohes, verwesliches Blut und Fleisch zu denken? Die körperliche Aneignung ist geheimnisvoll genug, um ein schönes Bild der geistigen *Meinung* zu sein – und sind denn Blut und Fleisch in der Tat etwas so widriges und unedles? Wahrlich, hier ist mehr als Gold und Diamant, und die Zeit ist nicht mehr fern, wo man höhere Begriffe vom organischen Körper haben wird.

Wer weiß, welches erhabene Symbol das Blut ist? Gerade das Widrige der organischen Bestandteile läßt auf etwas sehr Erhabenes in ihnen schließen. Wir schaudern vor ihnen, wie vor Gespenstern, und ahnden mit kindlichen Grausen in diesem sonderbaren Gemisch eine geheimnisvolle Welt, die eine alte Bekanntin sein dürfte.

Um aber auf das Gedächtnismahl zurückzukommen – ließe sich nicht denken, daß unser Freund jetzt ein Wesen wäre, dessen Fleisch Brot und dessen Blut Wein sein könnte?

So genießen wir den Genius der Natur alle Tage und so wird jedes Mahl zum Gedächtnismahl, zum seelennährenden, wie zum körpererhaltenden Mahl, zum geheimnisvollen Mittel einer Verklärung und Vergötterung auf Erden, eines belebenden Umgangs mit dem absolut Lebendigen. Den Namenlosen genießen wir im Schlummer – wir erwachen, wie das Kind am mütterlichen Busen und erkennen, wie jede Erquickung und Stärkung uns aus Gunst und Liebe zukam, und Luft, Trank und Speise Bestandteile einer unaussprechlichen lieben Person sind.

Die Holzkohle und der Diamant sind Ein Stoff, und doch wie verschieden! Sollte es nicht mit Mann und Weib derselbe Fall sein? Wir sind Tonerde und die Frauen sind Weltaugen und Saphire, die ebenfalls aus Tonerde bestehn.

Nur das Trinken verherrlicht die Poesie? Wie wenn die Poesie auch eine flüssige Seele wäre? Das Essen weckt den Witz und die Laune – daher Gourmands und dicke Leute so witzig sind – und beim Essen so leicht Scherz und muntere Unterhaltung entsteht. Auch auf andere solide Fähigkeiten wirkts. Bei Tisch streitet und räsoniert man gern, und vieles Wahre ist bei Tisch gefunden worden. Der Witz ist geistige Elektrizität – dazu sind feste Körper nötig. Auch Freundschaften werden bei Tische gestiftet, unter den eisernen Leuten am leichtesten; wer ahndet hier nicht Seelenmagnetism? Die Tischzeit ist die merkwürdigste Periode des Tages und vielleicht der Zweck, die Blüte des Tages. Das Frühstück ist die Knospe. Die Alten verstanden sich auch hier besser auf die Philosophie des Lebens. Sie aßen nur Einmal, außer dem Frühstück, und zwar nach vollbrachten Geschäften gegen Abend. Das doppelte Essen schwächt das Interesse. Zwischen dem Essen – Schauspiel, Musik und Lektüre. Die Mahlzeit selbst eine Kurve, nach echter Bildungslehre des Lebens. Mit der leichtesten Speise den Anfang gemacht, dann gestiegen – und mit der Leichtesten wieder geschlossen. Das Essen muß lang währen, die Verdauungszeit über; den Schluß macht am Ende der Schlummer.

(Schlummer. Aufstehn. Morgen etc.)

Schlummer ist ein Anhalten des höheren Organs – eine Entziehung des geistigen Reizes – des absolut sein sollenden Reizes. Die Willkür ist gehemmt. – Schlaf, Analogon des Todes. Kurzer, aber öfterer Schlaf. Seine restaurierende Wirkung. Es ist ein Zeichen, daß man ordentlich geschlafen hat, wenn man gleich munter ist. Je weniger Schlaf man braucht, desto vollkommner ist man. Eine augenblickliche Unterbrechung stärkt fast mehr, als eine lange. Halbes Bewußtsein im Schlafe. Die sonderbaren Traumbilder. Das Leben ein Traum. (Die Zeit verschmilzt die Gegenstände ineinander. Jede Aussicht auf eine Zukunft voll kräftigen, mannigfachen Lebens ist eine Morgenaussicht. Poetische Kurve der Sonne. Das Leben endigt, wie der Tag und ein vollkommnes Schauspiel, wehmütig, – aber mit erhabener Hoffnung. Der Abend ist sentimental, wie der Morgen naiv ist. Der Morgen muß *streng* und *geschäftig*, der Abend *üppig* sein. Auch die Arbeit muß gegen Mittag zu wachsen und gegen das Essen zu sich etwas wieder vermindern. Früh keine Gesellschaft. Man ist morgens jung und abends alt. Jeder Abend muß unser Testament finden und unsere Sachen in Ordnung . . .)

V. APHORISMEN UND FRAGMENTE

1798-1800

Magischer Idealismus
»Alles kann am Ende zur Philosophie
werden, ...«

Der Gegensatz von Leib und Geist ist Einer der aller-
merkwürdigsten und gefährlichsten. Große historische
Rolle dieses Gegensatzes. [1]

Alles kann am Ende zur Philosphie werden, so z. B.
Cervantes' Don Quijote. [2]

Die Philosophie ist, wie alle synthetische Wissenschaft,
wie die Mathematik, willkürlich. Sie ist eine ideale,
selbsterfundene Methode, das Innre zu beobachten, zu
ordnen etc.
    Auch kann die Philosophie die unerreichbare Wissen-
schaft kat exochin, das wissenschaftliche Ideal sein? [3]

Sollte die Natur nicht an sich verständlich sein, gar
keines Kommentars bedürftig? Bloße Beschreibung,
reine Erzählung hinlänglich? [4]

Die Poesie ist der Held der Philosophie. Die Philosophie
erhebt die Poesie zum Grundsatz. Sie lehrt uns den Wert
der Poesie kennen. Philosophie ist die Theorie der Poesie. Sie zeigt uns, was die Poesie sei; daß sie Eins und
Alles sei. [5]

Die Möglichkeit der Philosophie beruht auf der Möglichkeit Gedanken nach Regeln hervorzubringen, wahrhaft gemeinschaftlich zu denken (Kunst zu symphilosophieren). Ist gemeinschaftliches Denken möglich, so ist ein gemeinschaftlicher Wille, die Realisierung großer, neuer Ideen möglich. [6]

Nur wenn wir uns, als Menschen, mit andern Vernunftwesen vergleichen könnten, würden wir wissen, was wir eigentlich sind, auf welcher Stelle wir stehn. [7]

Die Philosophie soll nicht die Natur, sie soll sich selbst erklären. Alle Befriedigung ist Selbstauflösung. Bedürfnis entsteht durch Entzweiung, fremden Einfluß, Verletzung. Es muß sich selbst wieder ausgleichen. Die Selbstauflösung des Triebes, diese Selbstverbrennung der Illusion, des illusorischen Problems ist eben das Wollüstige der Befriedigung des Triebes. Was ist das Leben anders? Die Verzweiflung, die Todesfurcht ist gerade eine der interessantesten Täuschungen dieser Art. Sthenisch, wie im Trauerspiel fängts an, – asthenisch endigt es und wird gerade dadurch ein befriedigendes Gefühl, ein Pulsschlag unsers sensitiven Lebens. Auch kann es asthenisch anfangen und sthenisch endigen. Es ist eins. Ein Trauerspiel, was zu viel Wehmut hinterläßt, hat nicht sthenisch genug angefangen. Jede Geschichte enthält ein Leben, ein sich selbst auflösendes Problem. So ist jedes Leben eine Geschichte.

Hamlet endigt trefflich: asthenisch fängt er an, sthenisch endigt er. Meister endigt mit der Synthesis der Antinomien, weil er für und vom Verstande geschrieben ist. [8]

Die allgemeinen Ausdrücke der scholastischen Philosophie haben sehr viel Ähnlichkeit mit den Zahlen – daher ihr mystischer Gebrauch, ihre Personifikation, ihr musikalischer Genuß, ihre unendlichfache Kombination.

Alles aus Nichts erschaffne Reale, wie z. B. die Zahlen und die abstrakten Ausdrücke – hat eine wunderbare Verwandtschaft mit Dingen einer andern Welt, mit unendlichen Reihen sonderbarer Kombinationen und Verhältnissen, gleichsam mit einer mathematischen und abstrakten Welt an sich, mit einer poetischen, mathematischen und abstrakten Welt. [9]

Unser Geist ist Verbindungsglied des völlig Ungleichen. [10]

Einige Ausnahmen, oder widersprechende Fälle stoßen ein übrigens bequemes und leicht anwendbares System nicht um, sondern indizieren meistens einen Zufall oder eine fehlende Kombination und Anwendung oder gar fehlerhafte Anwendung des Systems oder der Regel. [11]

In jedem System, Gedanken-Individuo, das nun ein Aggregat oder Produkt etc. sein kann, ist Eine Idee, Eine Bemerkung, oder mehrere vorzüglich gediehn und haben die andern erstickt, oder sind allein übrig geblieben. Im geistigen Natur-System muß man sie überall zusammen suchen, jedem seinen eigentümlichen Boden, Klima, seine beste Pflege, seine eigentümliche Nachbarschaft geben, um ein Ideen-Paradies zu bilden: dies ist das echte System. (Das Paradies ist das Ideal des Erdbodens. Merkwürdige Frage, vom Sitz des Paradieses (Sitz der Seele). (Ein Kunstkenner soll in Beziehung auf die Naturkräfte etc. das sein, was ein botanischer und englischer Garten (Nachahmung des Paradieses) in Beziehung auf den Erdboden und seine Produkte ist: ein verjüngter, konzentrierter, potenzierter Erdboden.)

Das Paradies ist gleichsam über die ganze Erde verstreut, und daher so unkenntlich etc. geworden. Seine zerstreuten Züge sollen vereinigt, sein Skelett soll ausgefüllt werden. Regeneration des Paradieses. [12]

Synthetische Überzeugung ist geglaubtes Wissen oder umgekehrt. Eine Überzeugung entspringt bloß im Verstande. Eine in den Sinnen. Eine im Willen. Harmonische, nicht monotonische Koinzidenz aller drei macht die vollkommne Überzeugung. [13]

Sittlichkeit und Philosophie sind Künste. Erstere ist die Kunst, unter den Motiven zu Handlungen einer sittlichen Idee, einer Kunstidee a priori, gemäß zu wählen und auf diese Art in alle Handlungen einen großen, tiefen Sinn zu legen – dem Leben eine höhere Bedeutung zu geben, und so die Masse innerer und äußrer Handlungen (innere sind die Gesinnungen und Entschließungen) kunstmäßig zu einem idealischen Ganzen zu ordnen und zu vereinigen. Die Andre ist die Kunst, auf eine ähnliche Art mit den Gedanken zu verfahren, unter den Gedanken zu wählen – die Kunst, unsre gesamten Vorstellungen nach einer absoluten, künstlerischen Idee zu produzieren und ein Weltsystem, a priori, aus den Tiefen unsers Geistes heraus zu denken,

das Denkorgan aktiv, zur Darstellung einer rein intelligiblen Welt zu gebrauchen. (Kunst, Philosoph zu werden ist die Methodik; Kunst sittlicher Mensch zu
werden, die Asketik.)

Eigentlich wird in allen echten Künsten Eine Idee,
Ein Geist realisiert – von innen heraus produziert – die
Geisterwelt. Für das Auge ist es die sichtbare Welt a
priori, für das Ohr die hörbare Welt a priori, für das
sittliche Organ die sittliche Welt a priori, für das Denkorgan die denkbare Welt a priori, und so weiter. Alle
diese Welten sind nur verschiedene Ausdrücke verschied-
ner Werkzeuge Eines Geistes und Einer Welt. [14]

Der Akt des sich sęlbst Überspringens ist überall der
höchste, der Urpunkt, die Genesis des Lebens. So ist die
Flamme nichts, als ein solcher Akt. So hebt alle Philosophie da an, wo der Philosophierende sich selbst philosophiert, d. h. zugleich verzehrt (bestimmt, sättigt)
und wieder erneuert (nicht bestimmt, frei läßt). Die
Geschichte dieses Prozesses ist die Philosophie. So hebt
alle lebendige Moralität damit an, daß ich aus Tugend
gegen die Tugend handle; damit beginnt das Leben der
Tugend, durch welches vielleicht die Kapazität ins Unendliche zunimmt, ohne je eine Grenze, d. i. die Bedin-
gung der Möglichkeit ihres Lebens zu verlieren. [15]

Wir werden die Welt verstehn, wenn wir uns selbst verstehn, weil wir und sie integrante Hälften sind. Gottes-
kinder, göttliche Keime sind wir. Einst werden wir sein,
was unser Vater ist. [16]

Wie wir uns durch gewisse Erscheinungen auch zu Hinzudenkungen, nicht bloß zu gewissen Sensationen genötigt fühlen, zu einem bestimmten Supplement und Reglement von Gedanken, z. B. durch eine Menschengestalt, ihr einen geistigen Text unterzulegen, so ist es auch – indem wir an uns selbst denken oder uns selbst betrachten. Wir fühlen uns zu einer ähnlichen Hinzutat von Begriffen und Ideen, zu einem bestimmten Nachdenken genötigt, und dieser gegliederte Zwang und Anlaß ist das Bild unseres Selbst.

Die Regeln unsers Denkens und Empfindens sind das Schema teils des Charakters der Menschheit überhaupt, teils unserer individuellen Menschheit. Indem wir uns selbst betrachten, fühlen wir uns auf eine mehr oder weniger deutlich bestimmte Weise genötigt, uns so und nicht anders zu entwerfen, zu denken etc.

Lithocharakteristik. Eine mittelbare Sensation – eine Sensation der Sensation ist ein halber Gedanke – ist vielleicht schon ein Gedanke. [17]

Der Sinn der Sokratie ist, daß die Philosophie überall oder Nirgends sei, und daß man mit leichter Mühe am Ersten, Besten sich überall orientieren und das finden könne, was man suche. Sokratie ist die Kunst, von jedem gegebenen Orte aus, den Stand der Wahrheit zu finden, und so die Verhältnisse des Gegebenen zur Wahrheit genau zu bestimmen. [18]

Es ist nicht das Wissen allein, was uns glücklich macht, es ist die Qualität des Wissens, die subjektive Beschaffenheit des Wissens. Vollkommnes Wissen ist Überzeu-

gung; und sie ist's, die uns glücklich macht und befriedigt. Totes — lebendiges Wissen. [19]

Romantische Theorie
»Die Welt muß romantisiert werden.«

Die Welt muß romantisiert werden. So findet man den
ursprünglichen Sinn wieder. Romantisieren ist nichts
als eine qualitative Potenzierung. Das niedre Selbst wird
mit einem bessern Selbst in dieser Operation identifiziert. So wie wir selbst eine solche qualitative Potenzen-
reihe sind. Diese Operation ist noch ganz unbekannt.
Indem ich dem Gemeinen einen hohen Sinn, dem Gewöhnlichen ein geheimnisvolles Ansehn, dem Bekannten die Würde des Unbekannten, dem Endlichen einen
unendlichen Schein gebe, so romantisiere ich es. — Umgekehrt ist die Operation für das Höhere, Unbekannte,
Mystische, Unendliche — dies wird durch diese Verknüpfung logarythmisiert — es bekommt einen geläufigen
Ausdruck. Romantische Philosophie. Lingua romana.
Wechselerhöhung und Erniedrigung. [20]

Nur ein Künstler kann den Sinn des Lebens erraten. [21]

Die Menschheit ist der höhere Sinn unsers Planeten, der
Nerv, der dieses Glied mit der oberen Welt verknüpft,
das Auge, was er gen Himmel hebt. [22]

Wir sollen nicht bloß Menschen, wir sollen auch mehr
als Menschen sein. Oder Mensch ist überhaupt soviel als

Universum. Es ist nichts Bestimmtes. Es kann und soll etwas Bestimmtes und Unbestimmtes zugleich sein. [23]

Man kann sagen, daß die Natur oder die Außenwelt über dem Menschen in Rücksicht auf Organisation sei; man kann sagen, daß sie unter ihm, und er das höchste Wesen sei.

Sie scheint einem weit höhern Ganzen anzugehören. Ihr Wille, Verstand und Phantasie scheinen sich zu den Unsrigen zu verhalten, wie unser Körper zu ihrem Körper. [24]

Alle Erinnerung ist Gegenwart. Im reinern Element wird alle Erinnerung uns wie notwendige Vordichtung erscheinen. [25]

Eine seltsame Ähnlichkeit, einen Irrtum, irgend einen Zufall zusammen: so entstehn wunderliche Einheiten und eigentümliche Verknüpfungen – und Eins erinnert an alles, wird das Zeichen vieler und wird selbst von vielen bezeichnet und herbeigerufen. Verstand und Phantasie werden durch Zeit und Raum auf das sonderbarste vereinigt, und man kann sagen, daß jeder Gedanke, jede Erscheinung unsers Gemüts das individuellste Glied eines durchaus eigentümlichen Ganzen ist. [26]

In unserm Gemüt ist alles auf die eigenste, gefälligste und lebendigste Weise verknüpft. Die fremdesten Dinge kommen durch Einen Ort, Eine Zeit. [27]

Der allgemeine, innige, harmonische Zusammenhang ist nicht, aber er soll sein. (Folgerungen auf Magie, Astrologie etc. Es sind Schemata der Zukunft, der absoluten Gegenwart.) (Soll sein − Soll dasein.) [28]

Alle geistige Berührung gleicht der Berührung eines Zauberstabs. Alles kann zum Zauberwerkzeug werden. Wem aber die Wirkungen einer solchen Berührung so fabelhaft, wem die Wirkungen eines Zauberspruchs so wunderbar vorkommen, der erinnre sich doch nur an die erste Berührung der Hand seiner Geliebten, an ihren ersten, bedeutenden Blick, wo der Zauberstab der abgebrochne Lichtstrahl ist, an den ersten Kuß, an das erste Wort der Liebe, − und frage sich, ob der Bann und Zauber dieser Momente nicht auch fabelhaft und wundersam, unauflöslich und ewig ist? [29]

Ich = Nicht-Ich: höchster Satz aller Wissenschaft und Kunst. [30]

Elemente des Romantischen. Die Gegenstände müssen, wie die Töne der Äolsharfe, dasein, auf einmal, ohne Veranlassung − ohne ihr Instrument zu verraten. [31]

Zentripetalkraft ist das synthetische Bestreben; Zentrifugalkraft das analytische Bestreben des Geistes; Streben nach Einheit − Streben nach Mannigfaltigkeit. Durch wechselseitige Bestimmung beider durch Einander wird jene höhere Synthesis der Einheit und Mannigfaltigkeit selbst hervorgebracht, durch die Eins in Allem und Alles in Einem ist. [32]

Sollte es nicht ein Vermögen in uns geben, was dieselbe Rolle hier spielte, wie die Veste außer uns, der Äther, jene unsichtbar sichtbare Materie, der Stein der Weisen, der überall und nirgends, alles und nichts ist? Instinkt oder Genie heißen wir sie, sie ist überall *vorher*. Sie ist die Fülle der Zukunft, die Zeitenfülle überhaupt − in der Zeit, was der Stein der Weisen im Raum ist: Vernunft, Phantasie, Verstand und Sinn (Bedeutung 3-5 Sinne) sind nur ihre einzelnen Funktionen. [33]

Sonderbar, daß das Innre der Menschen bisher nur so dürftig betrachtet und so geistlos behandelt worden ist. Die sogenannte Psychologie gehört auch zu den Larven, die die Stellen im Heiligtum eingenommen haben, wo echte Götterbilder stehn sollten. Wie wenig hat man noch die Physik für das Gemüt, und das Gemüt für die Außenwelt benutzt. Verstand, Phantasie, Vernunft, das sind die dürftigen Fachwerke des Universums in uns. Von ihren wunderbaren Vermischungen, Gestaltungen, Übergängen kein Wort. Keinem fiel es ein, noch neue, ungenannte Kräfte aufzusuchen, − ihren geselligen Verhältnissen nachzuspüren. Wer weiß, welche wunderbare Vereinigungen, welche wunderbare Generationen uns noch im Innern bevorstehn. [34]

Das Wort Stimmung deutet auf musikalische Seelenverhältnisse. Die Akustik der Seele ist noch ein dunkles, vielleicht aber sehr wichtiges Feld. Harmonische und disharmonische Schwingungen. [35]

Wir haben zwei Systeme von Sinnen, die so verschieden

sie auch erscheinen, doch auf das innigste miteinander verwebt sind. Ein System heißt der Körper, Eins die Seele. Jenes steht in der Abhängigkeit von äußern Reizen, deren Inbegriff wir die Natur oder die äußre Welt nennen. Dieses steht ursprünglich in der Abhängigkeit eines Inbegriffs innerer Reize, den wir den Geist nennen, oder die Geisterwelt. Gewöhnlich steht dieses letztere System in einen Assoziationsnexus mit dem andern System, und wird von diesem affiziert. Dennoch sind häufige Spuren eines umgekehrten Verhältnisses anzutreffen, und man bemerkt bald, daß beide Systeme eigentlich in einem vollkommenen Wechselverhältnisse stehn sollten, in welchem jedes von seiner Welt affiziert, einen Einklang, keinen Einton bildete. Kurz, beide Welten, so wie beide Systeme sollen eine freie Harmonie, keine Disharmonie oder Monotonie bilden. Der Übergang von Monotonie zur Harmonie, wird freilich durch Disharmonie gehn – und nur am Ende wird eine Harmonie entstehn. In der Periode der Magie dient der Körper der Seele, oder der Geisterwelt. (Wahnsinn – Schwärmerei.)

Gemeinschaftlicher Wahnsinn hört auf Wahnsinn zu sein und wird Magie, Wahnsinn nach Regeln und mit vollem Bewußtsein.

Alle Künste und Wissenschaften beruhn auf partiellen Harmonien. (Poeten, Wahnsinnige, Heilige, Propheten.) [36]

Alle Überzeugung ist unabhängig von der Naturwahrheit. Sie bezieht sich auf die magische, oder die Wunderwahrheit. Von der Naturwahrheit kann man nur überzeugt werden, insofern sie Wunderwahrheit wird. Aller Beweis fußt auf Überzeugung, und ist mithin nur ein Notbehelf im Zustand des Mangels an durchgängiger Wunderwahrheit. Alle Naturwahrheiten beruhen demnach ebenfalls auf Wunderwahrheit. [37]

Die Welt hat eine ursprüngliche Fähigkeit, durch mich belebt zu werden.

Sie ist überhaupt a priori von mir belebt – Eins mit mir. Ich habe eine ursprüngliche Tendenz und Fähigkeit, die Welt zu beleben. Nun kann ich aber mit nichts in Verhältnis treten, was sich nicht nach meinem Willen richtet, oder ihm gemäß ist. Mithin muß die Welt die ursprüngliche Anlage haben, sich nach mir zu richten, meinem Willen gemäß zu sein.

Meine geistige Wirksamkeit, meine Realisation von Ideen, wird also keine Dekomposition und Umschaffung der Welt – wenigstens nicht, insofern ich Mitglied dieser bestimmten Welt bin – sein können, sondern es wird nur eine Variations-Operation sein können. Ich werde unbeschadet der Welt und ihrer Gesetze, mittelst derselben, sie für mich ordnen, einrichten und bilden können. Diese höhere Bildung streitet mit der mindern nicht, sie geht, unbeschadet dieser, ihren Weg und benutzt die Welt, die eben deshalb Welt ist, weil sie sich nicht vollständig und total bestimmt – und also noch mannigfach anderwärts her bestimmbar bleibt – welches bei einem vollkommnen, vernünftigen Individuo nicht der Fall ist – zu beliebigen Zwecken.

Zur Welt gehört also alles, was sich nicht absolut vollständig bestimmt – was einem andern Wesen noch zu mannigfachen Behuf dienen kann, ohne daß es davon weiß und dadurch gestört und im Wesentlichen verändert wird.

Ein vollkommen vernünftiges Wesen kann nicht einmal gedacht werden – ohne um diesen Gedanken zu wissen und ihn mit zu bestimmen. (Gott etc.)

(Ein organischer Körper gehört in Rücksicht seiner innigen Gemeinschaft – und seines Grundsatzes: Alle für Einen und Einer für alle, nicht ganz in die Welt – er ist ein gemischtes Produkt.) [38]

Der tätige Gebrauch der Organe ist nichts, als magisches, wundertätiges Denken, oder willkürlicher Gebrauch der Körperwelt; denn Wille ist nichts, als magisches, kräftiges Denkvermögen. [39]

Schlegels übersehn, indem sie von der Absichtlichkeit und Künstlichkeit der Shakespearschen Werke reden, daß die Kunst zur Natur gehört, und gleichsam die sich selbst beschauende, sich selbst nachahmende, sich selbst bildende Natur ist. Die Kunst einer gut entwickelten Natur ist freilich von der Künstelei des Verstandes, des bloß räsonierenden Geistes himmelweit verschieden. Shakespeare war kein Kalkulator, kein Gelehrter, er war eine mächtige, buntkräftige Seele, deren Erfindungen und Werke, wie Erzeugnisse der Natur, das Gepräge des denkenden Geistes tragen und in denen auch der letzte scharfsinnige Beobachter noch neue Übereinstimmungen mit dem unendlichen Gliederbau des Weltalls, Begegnungen mit spätern Ideen, Verwandtschaften mit den höhern Kräften und Sinnen der Menschheit finden wird. Sie sind sinnbildlich und vieldeutig, einfach und unerschöpflich, wie jene (die Erzeugnisse der Natur), und es dürfte nichts sinnloseres von ihnen gesagt werden können, als daß sie Kunstwerke in jener eingeschränkten, mechanischen Bedeutung des Wortes seien. [40]

Die Denkorgane sind die Weltzeugungs-, die Naturgeschlechtsteile.

Die Blüte ist das Symbol des Geheimnisses unsers Geistes. [41]

Auf dieselbe Art, wie wir unser Denkorgan in beliebige Bewegung setzen, seine Bewegung beliebig modifizieren, dieselbe und ihre Produkte beobachten und mannigfaltig ausdrücken – auf dieselbe Art, wie wir die Bewegungen des Denkorgans zur Sprache bringen, wie wir sie in Gebärden äußern, in Handlungen ausprägen, wie wir uns überhaupt willkürlich bewegen und aufhalten, unsre Bewegungen vereinigen und vereinzeln, auf eben dieselbe Art müssen wir auch die innern Organe unsers Körpers bewegen, hemmen, vereinigen und vereinzeln *lernen*. Unser ganzer Körper ist schlechterdings fähig, vom Geist in beliebige Bewegung gesetzt zu werden. Die Wirkungen der Furcht, des Schreckens, der Traurigkeit, des Zorns, des Neides, der Scham, der Freude, der Phantasie etc. sind Indikationen genug. Überdem aber hat man genugsam Beispiele von Menschen, die eine willkürliche Herrschaft über einzelne, gewöhnlich der Willkür entzogene Teile ihres Körpers erlangt haben. Dann wird jeder sein eigner Arzt sein, und sich ein vollständiges, sichres und genaues Gefühl seines Körpers erwerben können, dann wird der Mensch erst wahrhaft unabhängig von der Natur, vielleicht im Stande sogar sein, verlorne Glieder zu restaurieren, sich bloß durch seinen Willen zu töten und dadurch erst wahre Aufschlüsse über Körper, Seele, Welt, Leben, Tod und Geisterwelt zu erlangen. Es wird vielleicht nur von ihm dann abhängen, einen Stoff zu beseelen. Er wird seine Sinne zwingen, ihm die Gestalt zu produzieren, die er verlangt, und im eigentlichsten Sinn in seiner Welt leben können. Dann wird er vermögend sein, sich von seinem Körper zu trennen, wenn er es für gut findet; er wird sehn, hören und fühlen, was, wie und in welcher Verbindung er will.

Fichte hat den tätigen Gebrauch des Denkorgans gelehrt – und entdeckt. Hat Fichte etwa die Gesetze des tätigen Gebrauchs der Organe überhaupt entdeckt? Intellektuale Anschauung ist nichts anders. [42]

Unsre innre Welt muß der äußern durchaus bis in die kleinsten Teile korrespondieren, denn sie sind sich im Ganzen entgegengesetzt. Was sich dort so entgegengesetzt ist, ist sich hier umgekehrt entgegengesetzt oder durch einander bestimmt; lauter antithetische Bestimmungen. [43]

Sonderbar, daß eine absolute, wunderbare Synthesis oft die Achse des Märchens – oder das Ziel desselben ist. [44]

Ein Märchen ist wie ein Traumbild, ohne Zusammenhang. Ein Ensemble wunderbarer Dinge und Begebenheiten, z. B. eine musikalische Phantasie, die harmonischen Folgen einer Äolsharfe, die Natur selbst.

Wird eine Geschichte ins Märchen gebracht, so ist dies schon eine fremde Einmischung. Eine Reihe artiger und unterhaltender Versuche, ein abwechselndes Gespräch, eine Redute sind Märchen. Ein höheres Märchen wird es, wenn, ohne den Geist des Märchens zu verscheuchen, irgend ein Verstand (Zusammenhang, Bedeutung etc.) hinein gebracht wird. Sogar nützlich könnte vielleicht ein Märchen werden.

Der Ton des bloßen Märchens ist abwechselnd – er kann aber auch einfach sein. (Bestimmte Theorie der Märchen.) [45]

Das Leben ist etwas, wie Farben, Töne und Kraft. Der Romantiker studiert das Leben, wie der Maler, Musiker und Mechaniker Farbe, Ton und Kraft. Sorgfältiges Studium des Lebens macht den Romantiker, wie sorgfältiges Studium von Farbe, Gestaltung, Ton und Kraft den Maler, Musiker und Mechaniker. [46]

Die Synthesis von Seele und Leib heißt Person. Die Person verhält sich zum Geist wieder wie der Körper zur Seele. Sie zerfällt auch einst und geht in veredelter Gestalt wieder hervor. [47]

Mir scheint ein Trieb in unsern Tagen allgemein verbreitet zu sein – die äußre Welt hinter künstliche Hüllen zu verstecken – vor der offnen Natur sich zu schämen und durch Verheimlichung und Verborgenheit der Sinnenwesen eine dunkle Geisterkraft ihnen beizulegen.

Romantisch ist der Trieb gewiß — allein der kindlichen Unschuld und Klarheit nicht vorteilhaft; besonders bei Geschlechtsverhältnissen ist dies bemerklich. [48]

Der vollendete Mensch muß gleichsam zugleich an mehreren Orten und in mehreren Menschen leben — ihm müssen beständig ein weiter Kreis und mannigfache Begebenheiten gegenwärtig sein. Hier bildet sich dann die wahre, großartige Gegenwart des Geistes, die den Menschen zum eigentlichen Weltbürger macht und ihn in jedem Augenblicke seines Lebens durch die wohltätigsten Assoziationen reizt, stärkt, und in die helle Stimmung einer besonnenen Tätigkeit versetzt. [49]

Tätigkeit ist die eigentliche Realität. (Weder Gegenstand noch Zustand sind allein, rein zu denken. Durchs Reflektieren mischt sich das Entgegengesetzte hinein, und selbst schon durchs Streben, Begehren, denn beides sind identische Handlungen. Der Begriff der Identität muß den Begriff der Tätigkeit enthalten, des Wechsels in sich selber. Zwei Zusammengesetzte sind die höchste Sphäre, zu der wir uns erheben können.)

(Gott ist die unendliche Tätigkeit. Natur der unendliche Gegenstand, Ich der unendliche Zustand. Alles dreies sind Abstrakte. Alles dreies ist Eins. Sie sind nicht getrennt als in sich selber, in der Reflexion, die aus allen dreien besteht.)

Was Ich — ist durch die Tätigkeit. Insofern Gegenstand und Zustand sind, stehn sie unter den Gesetzen der Tätigkeit i. e. sie sind tätig. Tätigkeit ist Urkaft des Accidens, es ist das unendliche Accidentielle. Zustand und Gegenstand sind das unendlich Substantielle. Tätigkeit zerfällt wie Stand in zwei Teile ursprünglich: reale, ideale oder positive, negative oder aktive, passive. Auch von der Tätigkeit gilt die Regel: daß man sie nur in Verbindung, nicht allein wahrnehmen kann. Sie (ist) immer im Verhältnis zu Gegenstand und Zustand.

(Es ist töricht durch eine solvierende Handlung ein resolviertes Produkt bekommen zu wollen, durch eine bindende Handlung das Gebundene zu trennen. Was zertrennt werden soll, muß gebunden sein, was verbunden werden soll, getrennt. Hieraus ergibt sich die in der Natur der Sache überhaupt liegende Unmöglichkeit, ein sogenanntes reines, einfaches Produkt zu erhalten, da jedes Produkt als solches nur im Trennenden aufgestellt werden kann. Alles Getrennte wird im Verbundnen, alles Verbundne im Trennenden wahrgenommen. [50]

Sollten die Körper und Figuren die Substantiva — die Kräfte die Verba — und die Naturlehre Dechiffrierkunst sein? [51]

Aller innere Sinn ist Sinn für Sinn. [52]

Es gibt manche Blumen auf dieser Welt, die überirdischen Ursprungs sind, die in diesem Klima nicht gedeihen, und eigentliche Herolde, rufende Boten eines bessern Daseins sind. Unter diese Boten gehören vorzüglich Religion und Liebe. Das höchste Glück ist, seine Geliebte gut und tugendhaft zu wissen, die höchste Sorge ist die Sorge für ihren Edelsinn. Aufmerksamkeit auf Gott, und Achtsamkeit auf jene Momente, wo der Strahl einer himmlischen Überzeugung und Beruhigung in unsre Seelen einbricht, ist das Wohltätigste, was man für sich und seine Lieben haben kann. [53]

Wir sind mit dem Unsichtbaren näher als mit dem Sichtbaren verbunden. (mystischer Republikaner). [54]

Zur Welt suchen wir den Entwurf: dieser Entwurf sind wir selbst. Was sind wir? Personifizierte, allmächtige Punkte. Die Ausführung, als Bild des Entwurfs, muß ihm aber auch in der Freitätigkeit und Selbstbeziehung gleich sein, und umgekehrt. Das Leben oder das Wesen des Geistes besteht also in Zeugung, Gebärung und Erziehung seinesgleichen. Nur insofern der Mensch also mit sich selbst eine glückliche Ehe führt, und eine schöne Familie ausmacht, ist er überhaupt ehe- und familienfähig.

Man muß sich nie gestehen, daß man sich selbst liebt. Das Geheimnis dieses Geständnisses ist das Lebens-Prinzip der allein wahren und ewigen Liebe. Der erste Kuß in diesem Verständnisse ist das Prinzip der Philosophie, der Ursprung einer neuen Welt, der Anfang der absoluten Zeitrechnung, die Vollziehung eines unendlich wachsenden Selbstbundes.

Wem gefiele nicht eine Philosophie, deren Keim ein erster Kuß ist? Liebe popularisiert die Personalität, sie macht Individualitäten mitteilbar und verständlich. (Liebesverständnis.) [55]

Nur das Unvollständige kann begriffen werden, kann uns weiter führen. Das Vollständige wird nur genossen. Wol-

len wir die Natur begreifen, so müssen wir sie als unvollständig setzen, um so zu einem unbekannten Wechselgliede zu gelangen. Alle Bestimmung ist relativ. [56]

Wolkenspiel – Naturspiel (ist) äußerst poetisch. Die Natur ist eine Äolsharfe, sie ist ein musikalisches Instrument, dessen Töne wieder Tasten höherer Saiten in uns
sind. (Ideenassoziation.) [57]

Eine wahrhafte Liebe zu einer leblosen Sache ist wohl
gedenkbar, auch zu Pflanzen, Tieren, zur Natur – ja, zu
sich selbst. Wenn der Mensch erst ein wahrhaft inner-
liches Du hat, so entsteht ein höchst geistiger und
sinnlicher Umgang, und die heftigste Leidenschaft ist
möglich. Genie ist vielleicht nichts, als Resultat eines
solchen innern Plurals. Die Geheimnisse dieses Umgangs sind noch sehr unbeleuchtet. [58]

Die Natur hat Kunstinstinkt – daher ist es Geschwätz,
wenn man Natur und Kunst unterscheiden will. Beim
Dichter sind sie höchstens dadurch verschieden, daß sie
durchaus verständig und nicht leidenschaftlich sind,
welches sie von denjenigen Menschen unterscheidet,
die aus Affekt unwillkürlich musikalische, poetische
oder überhaupt interessante Erscheinungen werden. [59]

Der Traum ist oft bedeutend und prophetisch, weil er eine
Naturseelenwirkung ist und *also* auf Assoziationsordnung beruht. Er ist, wie Poesie bedeutend, – aber auch
darum unregelmäßig bedeutend, – durchaus frei. [60]

Ehemals war alles Geistererscheinung. Jetzt sehn wir nichts als tote Wiederholung, die wir nicht verstehn. Die Bedeutung der Hieroglyphe fehlt. Wir leben noch von der Frucht besserer Zeiten. [61] .

Aller Zufall ist wunderbar, Berührung eines höhern Wesens, ein Problem, Datum des tätig religiösen Sinns.
    (Verwandlung in Zufall.)
    Wunderbare Worte und Formeln. (Synthesis des Willkürlichen und Unwillkürlichen.)
    (Flamme zwischen Nichts und Etwas.) [62]

Die Sprache ist für die Philosophie, was sie für Musik und Malerei ist, nicht das rechte Medium der Darstellung. [63]

Hier ist Amerika oder nirgends. Philosophische Zusätze und Corollarien zu diesem Text. [64]

Vielleicht kann man mittelst eines dem Schachspiel ähnlichen Spiels Gedankenkonstruktionen zustande bringen. Das ehemalige logische Disputierspiel glich ganz einem Brettspiel. [65]

In allen wahrhaften Schwärmern und Mystikern haben höhere Kräfte gewirkt – freilich sind seltsame Mischungen und Gestalten daraus entstanden. Je roher und bunter der Stoff, je geschmackloser, je unausgebildeter und zufälliger der Mensch war, desto sonderbarer seine Geburten. Es dürfte größestenteils verschwendete Mühe sein, diese wunderliche, groteske Masse zu säubern, zu läutern und zu erklären – wenigstens ist jetzt die Zeit noch nicht da, wo sich dergleichen Arbeiten mit leichter Mühe verrichten ließen. Dies bleibt den künftigen Historikern der Magie vorbehalten. Als sehr wichtige Urkunden der allmählichen Entwicklung der magischen Kraft sind sie sorgfältiger Aufbewahrung und Sammlung wert.

Magie ist Kunst, die Sinnenwelt willkürlich zu gebrauchen. [66]

Man ist allein mit allem was man liebt. [67]

Der erste Mensch ist der erste Geisterseher. Ihm erscheint alles als Geist. Was sind Kinder anders, als erste Menschen? Der frische Blick des Kindes ist überschwenglicher, als die Ahndung des entschiedensten Sehers. [68]

Die Kinder sind Antiken. Nicht alle Kinder aber sind Kinder. Auch die Jugend ist antik. Aber auch nicht alle Jünglinge sind Jünglinge. [69]

Menschen halten und sich herzlich lieb haben und verehren. [70]

Einem gelang es, – er hob den Schleier der Göttin zu Sais –
Aber was sah er? er sah – Wunder des Wunders – sich selbst. [71]

Religionsphilosophie
»Der Tod ist das romantisierende Prinzip . . .«

Alles, was wir erfahren, ist eine Mitteilung. So ist die
Welt in der Tat eine Mitteilung, Offenbarung des Geistes. Die Zeit ist nicht mehr, wo der Geist Gottes
verständlich war. Der Sinn der Welt ist verloren gegan-
gen. Wir sind beim Buchstaben stehn geblieben. Wir
haben das Erscheinende über der Erscheinung verloren.
– Formularwesen. Ehemals war alles Geisterscheinung,
jetzt sehen wir nichts als tote Wiederholung, die wir
nicht verstehen. Die Bedeutung der Hieroglyphe fehlt.
Wir leben noch von der Frucht besserer Zeiten. [72]

Die Welt ist auf jeden Fall Resultat einer Wechselwir-
kung zwischen mir und der Gottheit. Alles was ist und
entsteht, entsteht aus einer Geisterberührung. Die äußere Sollizitation ist nur in Ermangelung innrer Selbst-
heterogenisierung – und Berührung. [73]

Alle unsre Neigungen scheinen nichts als angewandte
Religion zu sein. Das Herz scheint gleichsam das religiöse Organ. Vielleicht ist das höhere Erzeugnis des
produktiven Herzens – nichts anders als der Himmel.
  Indem das Herz, abgezogen von allen einzelnen wirklichen Gegenständen, sich selbst empfindet, sich selbst
zu einem idealischen Gegenstande macht, entsteht Religion. Alle einzelnen Neigungen vereinigen sich in
Eine, deren wunderbares Objekt ein höheres Wesen,
eine Gottheit ist; daher echte Gottesfurcht alle Empfindungen und Neigungen umfaßt. Dieser Naturgott ißt

uns, gebiert uns, spricht mit uns, erzieht uns, beschläft uns, läßt sich von uns essen, von uns zeugen und gebären; kurz ist der unendliche Stoff unsrer Tätigkeit und unsers Leidens.

Machen wir die Geliebte zu einem solchen Gott, so ist dies angewandte Religion. [74]

Historie ist angewandte Moral und Religion, auch angewandte Anthropologie im allgemeinern Sinne. Daher der wunderbare Zusammenhang der Geschichte mit unsrer Bestimmung – des Christentums und der Moral.

Wir tragen die Lasten unsrer Väter, wie wir ihr Gutes empfangen haben, und so leben die Menschen in der Tat in der ganzen Vergangenheit und Zukunft und nirgends weniger als in der Gegenwart.

Der heilige Geist ist mehr, als die Bibel. Er soll unser Lehrer des Christentums sein – nicht toter, irdischer, zweideutiger Buchstabe. [75]

Der Tod ist das romantisierende Prinzip unsers Lebens. Der Tod ist – das Leben †. – Durch den Tod wird das Leben verstärkt. [76]

Es ist sonderbar, daß nicht längst die Assoziation von Wollust, Religion und Grausamkeit die Menschen aufmerksam auf ihre innige Verwandtschaft und ihre gemeinschaftliche Tendenz gemacht hat. [77]

Religionslehre ist davon ganz abgesondert. Sie kann nur religiösen Menschen verständlich und religiös nutzbar sein.

Religion kann man nicht anders verkündigen, wie Liebe und Patriotism. Wenn man jemand verliebt machen wollte, wie finge man das wohl an? [78]

Wo der Mensch seine Realität hinsetzt, was er fixiert, das ist sein Gott, seine Welt, sein Alles. Relativität der Moralität. (Liebe.) Unsre pedantischen Grundsätze. (Was gefällt, was mißfällt, was zieht uns an, was stößt uns ab?) – Realität der menschlichen Phantasie und des Willens. Freiheit der Selbstbestimmung, des Schicksals etc. – Mich muß sogar das mir Unangenehme an andern Menschen interessieren. [79]

Über das irdische Individuum – das himmlische Individuum und ihre Verhältnisse. (Gott ist die Weltseele der Idealwelt.) [80]

Wie das Auge nur Augen sieht – so der Verstand nur Verstand, die Seele Seelen, die Vernunft Vernunft, der Geist Geister etc., die Einbildungskraft nur Einbildungskraft, die Sinne Sinne; Gott wird nur durch einen Gott erkannt. [81]

Das sind glückliche Leute, die überall Gott vernehmen, überall Gott finden, diese Leute sind eigentlich religiös. Religion ist Moral in der höchsten Dignität, wie Schleiermacher vortrefflich gesagt hat. [82]

Dem echt Religiösen ist nichts Sünde. [83]

Wer Gott einmal suchen will, der findet ihn überall. [84]

Der Sinn für Poesie hat viel mit dem Sinn für Mystizism gemein. Er ist der Sinn für das Eigentümliche, Personelle, Unbekannte, Geheimnisvolle, zu Offenbarende, das Notwendig-Zufällige. Er stellt das Undarstellbare dar. Er sieht das Unsichtbare, fühlt das Unfühlbare etc. Kritik der Poesie ist ein Unding. Schwer schon ist zu entscheiden, doch einzig mögliche Entscheidung, ob etwas Poesie sei oder nicht. Der Dichter ist wahrhaft sinnberaubt, dafür kommt alles in ihm vor. Er stellt im eigentlichsten Sinn (das) Subjekt-Objekt vor – Gemüt und Welt. Daher die Unendlichkeit eines guten Gedichts, die Ewigkeit. Der Sinn für Poesie hat nahe Verwandtschaft mit dem Sinn der Weissagung und dem religiösen, dem Sehersinn überhaupt. Der Dichter ordnet, vereinigt, wählt, erfindet – und es ist ihm selbst unbegreiflich, warum gerade so und nicht anders. [85]

Die Poesie schaltet und waltet mit Schmerz und Kitzel, mit Lust und Unlust, Irrtum und Wahrheit, Gesundheit und Krankheit. Sie mischt alles zu ihrem großen Zweck der Zwecke – der Erhebung des Menschen über sich selbst. [86]

Es liegt nur an der Schwäche unsrer Organe und der Selbstberührung, daß wir uns nicht in einer Feenwelt erblicken. Alle Märchen sind nur Träume von jener heimatlichen Welt, die überall und nirgends ist. Die höhern Mächte in uns, die einst als Genien unsern Willen vollbringen werden, sind jetzt Musen, die uns auf dieser mühseligen Laufbahn mit süßen Erinnerungen erquicken. [87]

(Das Genie überhaupt ist poetisch. Wo das Genie gewirkt hat – hat es poetisch gewirkt. Der echt moralische Mensch ist Dichter.) [88]

Der Zauberer ist Poet. Der Prophet ist zum Zauberer, wie der Mann von Geschmack zum Dichter. [89]

Der echte Dichter ist allwissend; er ist eine wirkliche Welt im Kleinen. [90]

Worin eigentlich das Wesen der Poesie besteht, läßt sich schlechthin nicht bestimmen. Es ist unendlich zusammengesetzt und doch einfach. Schön, romantisch, harmonisch sind nur Teilausdrücke des Poetischen. [91]

Höchst sonderbar ist die Ähnlichkeit unsrer heiligen Geschichte mit Märchen: anfänglich eine Bezauberung, dann die wunderbare Versöhnung etc. die Erfüllung der Verwünschungsbedingung.
Wahnsinn und Bezauberung haben viel Ähnlichkeit. Ein Zauberer ist ein Künstler des Wahnsinns. [92]

Die Schreibart des Romans muß kein Kontinuum, es muß ein in jeden Perioden gegliederter Bau sein. Jedes kleine Stück muß etwas Abgeschnittnes, Begrenztes, ein eignes Ganzes sein. [93]

Tadle nichts Menschliches. Alles ist gut, nur nicht überall, nur nicht immer, nur nicht für alle. So mit der
Kritik. Bei Beurteilung von Gedichten z. B. nehme man
sich in acht mehr zu tadeln als, streng genommen, ei-
gentlicher Kunstfehler, Mißton in jeder Verbindung ist.
Man weise möglichst genau jedem Gedichte seinen Be-
zirk an, und dies wird Kritik genug für den Wahn ihrer
Verfasser sein. Denn nur in dieser Hinsicht sind Gedichte zu beurteilen, ob sie einen weiten oder engen, einen
nahen oder entlegnen, einen finstren oder hellen, einen
hellen oder dunkeln, erhabnen oder niedrigen Standort
haben wollen. So schreibt Schiller für wenige, Goethe
für viele. Man ist heutzutage zu wenig darauf bedacht
gewesen, die Leser anzuweisen, wie das Gedicht gelesen
werden muß, unter welchen Umständen es allein gefallen kann. Jedes Gedicht hat seine Verhältnisse zu den
mancherlei Lesern und den vielfachen Umständen. Es
hat seine eigne Umgebung, seine eigne Welt, seinen
eignen Gott. [94]

Kurz, man verliert die Lust am Mannigfaltigen, je mehr
man Sinn für die Unendlichkeit des Einzelnen bekommt. Man lernt das mit Einem Instrument machen,
wozu Andre hunderte nötig haben, und interessiert sich
überhaupt mehr für das Ausführen, als für das Erfinden.
[95]

Darstellung ist eine Äußerung des innern Zustands, der
innern Veränderungen, Erscheinung des innern Objekts.
Das äußere Objekt wechselt durch das Ich und im Ich
mit dem Begriffe, und produziert wird die Anschauung.

Das innre Objekt wechselt durch das Ich und im Ich mit einem ihm angemeßnen Körper, und es entsteht das Zeichen. Dort ist das Objekt der Körper, hier ist das Objekt der Geist. Das gemeine Bewußtsein verwechselt das Entstandne, die Anschauung und das Zeichen mit dem Körper, weil es nicht zu abstrahieren weiß, nicht selbsttätig ist, sondern nur notwendig leidend, nur halb, nicht ganz. [96]

Die Idee eines Ganzen muß *durchaus* ein ästhetisches Werk beherrschen und modifizieren. Selbst in den launigsten Büchern. Wieland, Richter und die meisten Komiker fehlen hier sehr oft. Es ist so entsetzlich viel Überflüssiges und Langweiliges, recht eigentliche hors d'œuvres, in ihren Werken. Selten ist der Plan und die große Verteilung ästhetisch. Sie haben nur ästhetische oder komische Laune, nicht ästhetisch komischen Sinn oder Geist. (Einheit des Mannigfachen.) [97]

Ein Roman muß durch und durch Poesie sein. Die Poesie ist nämlich, wie die Philosophie, eine harmonische Stimmung unsers Gemüts, wo sich alles verschönert, wo jedes Ding seine gehörige Ansicht, alles seine passende Begleitung und Umgebung findet. Es scheint in einem echt poetischen Buche alles so natürlich – und doch so wunderbar. Man glaubt, es könne nichts anders sein, und als habe man nur bisher in der Welt geschlummert – und gehe einem nun erst der rechte Sinn für die Welt auf. Alle Erinnerung und Ahndung scheint aus eben dieser Quelle zu sein. So auch diejenige Gegenwart, wo man in Illusion befangen ist – einzelne Stunden, wo

man gleichsam in allen Gegenständen, die man betrachtet, steckt und die unendlichen, unbegreiflichen,
gleichzeitigen Empfindungen eines zusammenstim-
menden Pluralis fühlt. [98]

Es ist seltsam, daß in einer guten Erzählung allemal
etwas Heimliches ist – etwas Unbegreifliches. Die Geschichte scheint noch uneröffnete Augen in uns zu
berühren – und wir stehn in einer ganz andern Welt,
wenn wir aus ihrem Gebiete zurückkommen. [99]

Lustspiel und Trauerspiel gewinnen sehr und werden
eigentlich erst poetisch durch eine zarte, symbolische
Verbindung.
  Der Ernst muß heiter, der Scherz ernsthaft schim-
mern. [100]

Die Darstellung des Gemüts muß, wie die Darstellung
der Natur, selbsttätig, eigentümlich allgemein, ver-
knüpfend und schöpferisch sein. Nicht wie es ist, sondern wie es sein könnte und sein muß. [101]

Der Roman handelt vom Leben, stellt Leben dar. Ein
Mimus wäre er nur in Beziehung auf den Dichter. Oft
enthält er Begebenheiten einer Maskerade, eine mas-
kierte Begebenheit unter maskierten Personen. Man
hebe die Masken; es sind bekannte Begebenheiten, bekannte Personen. Der Roman, als solcher, enthält kein
bestimmtes Resultat, er ist nicht Bild und Faktum eines
Satzes. Er ist anschauliche Ausführung, Realisierung
einer Idee. Aber eine Idee läßt sich nicht in einen Satz

fassen. Eine Idee ist eine unendliche Reihe von Sätzen,
eine irrationale Größe, unsetzbar, incommensurabel.
(Sollte nicht alle Irrationalität relativ sein?) Das Gesetz
ihrer Fortschreitung läßt sich aber aufstellen, und nach
diesem ist ein Roman zu kritisieren. [102]

Wohl unsrer Sprache, daß sie ungelenk ist! Der Starke
zwingt sie, und den Schwachen zwingt sie; dort wird die
Erscheinung der Kraft sichtbarer, schöner, hier das Un-
vermögen auffallender, und so bleibt das Reich der
Schönheit reiner, adeliger, unvermischter. [103]

Die Schriftsteller sind so einseitig, wie alle Künstler
Einer Art – und nur noch hartnäckiger. Unter den
Schriftstellern von Profession gibt es gerade auffallend
wenig liberale Menschen, besonders, wenn sie gar keine
andre Subsistenz, als ihre Schriftstellerei haben. Von
Schriftstellerei leben, ist ein selbst für echte Geistesbil-
dung und Freiheit höchst gewagtes Unternehmen. [104]

Der Poet versteht die Natur besser, wie der wissenschaftliche Kopf. [105]

Die Bücherwelt ist in der Tat nur die Karrikatur der
wirklichen Welt. Beide entspringen aus derselben Quelle. Jene aber erscheint in einem freiern, beweglicheren
Medio. Daher sind dort alle Farben greller, weniger
Mitteltinten, die Bewegungen lebhafter, die Umrisse
daher frappanter, der Ausdruck hyperbolisch. Jene erscheint nur fragmentarisch, diese ganz. Daher ist jene
poetischer, geistvoller, interessanter, malerischer, aber

auch unwahrer, unphilosophischer, unsittlicher. Die meisten Menschen, die meisten Gelehrten mitgerechnet, haben auch nur eine Buchansicht, eine fragmentarische Ansicht der wirklichen Welt, und dann leidet sie unter den nämlichen Gebrechen und genießt aber auch die nämlichen Vorteile, als die Bücherwelt. Viele Bücher sind auch nichts als Darstellungen solcher einzelnen, fragmentarischen Ansichten der wirklichen Welt. – Mehr über das Verhältnis der Buchwelt (Literarwelt) zur wirklichen Welt. [106]

Die Meisten wissen selbst nicht, wie interessant sie wirklich sind, was sie wirklich für interessante Dinge sagen. Eine echte Darstellung ihrer selbst, eine Aufzeichnung und Beurteilung ihrer Reden würde sie über sich selbst in das höchste Erstaunen setzen und ihnen in sich selbst eine durchaus neue Welt entdecken helfen. [107]

Jeder muß mit seiner Stimme und mit seinem Stile zu ökonomisieren, beide gehörig immanent zu proportionieren und zu nuancieren wissen. [108]

Die intuitive Darstellung beruht auf systematischem Denken und Anschaun. [109]

Schöne liberale Ökonomie. Bildung einer poetischen Welt um sich her. Dichten mit lebendigen Figuren. [110]

Die gemeine Sprache ist die Natursprache – die Büchersprache die Kunstsprache. [111] –

Das Höchste ist das Verständlichste, das Nächste, das Unentbehrlichste. Nur durch Unbekanntschaft mit uns selbst, Entwöhnung von uns selbst entsteht für uns eine Unbegreiflichkeit, die selbst unbegreiflich ist. [112]

Des Dichters Reich sei die Welt, in den Fokus seiner Zeit gedrängt. Sein Plan und seine Ausführung sei dichterisch, das ist, dichterische Natur. Er kann alles brauchen, er muß es nur mit Geist amalgamieren, er muß ein Ganzes daraus machen. Das Allgemeine, wie das Besondere muß er darstellen – alle Darstellung ist im Entgegengesetzten, und seine Freiheit im Verbinden macht ihn unumschränkt. Alle dichterische Natur ist Natur. Ihr gebühren alle Eigenschaften der letzteren. So individuell sie ist, so allgemein interessant doch. Was helfen uns Beschreibungen, die Geist und Herz kalt lassen, leblose Beschreibungen der leblosen Natur – sie müssen wenigstens symbolisch sein, wie die Natur selber, wenn sie auch kein Gemütszustandsspiel hervorbringen sollen. Entweder muß die Natur Ideenträger, oder das Gemüt Naturträger sein. Dieses Gesetz muß im Ganzen und im Einzelnen wirksam sein. Egoist darf der Dichter durchaus nicht erscheinen. Er muß sich selbst Erscheinung sein. Er ist der Vorstellungsprophet der Natur, so wie der Philosoph der Naturprophet der Vorstellung. Jenem ist das Objektive Alles, diesem das Subjektive. Jener ist Stimme des Weltalls, dieser Stimme des einfachsten Eins, des Prinzips, jener Gesang, dieser Rede. Jenes Verschiedenheit vereinigt das Unendliche, dieses Mannigfaltigkeit verbindet das Endlichste. Der Dichter bleibt ewig wahr. Er beharrt im Kreislauf der Natur.

Der Philosoph verändert sich im ewig Beharrlichen. Das ewig Beharrliche ist nur im Veränderlichen darstellbar. Das ewig Veränderliche nur im Bleibenden, Ganzen, gegenwärtigen Augenblick. Vor und nach sind ihre Bilder. Sie ist allein Realität. Alle Darstellung des Dichters muß symbolisch oder rührend sein. Rührend hier für affizierend überhaupt. Das Symbolische affiziert nicht unmittelbar, es veranlaßt Selbsttätigkeit. Dies reizt und erregt, jenes rührt und bewegt. Jenes ist ein Handeln des Geistes, dies ein Leiden der Natur, jenes geht vom Schein auf Sein, dies vom Sein auf den Schein, jenes von der Vorstellung zur Anschauung, dies von der Anschauung zur Vorstellung. Ehemals konnte der Dichter Allen Alles sein, der Kreis war noch so eng, die Menschen noch gleicher an Kenntnissen, Erfahrungen, Sitten, Charakter; ein solcher bedürfnisloser Mensch erhob in dieser Welt einfacher aber stärkerer Bedürfnisse die Menschen so schön über sich selbst, zum Gefühl der höheren Würde der Freiheit, die Reizbarkeit war noch so neu. [113]

VI. TAGEBUCHAUFZEICHNUNGEN
(15. APRIL-6. SEPTEMBER 1800)

Den 15ten April 1800.

Süße Wehmut ist der eigentliche Charakter einer echten Liebe – das Element der Sehnsucht und Vereinigung.

Es gibt so manche Blumen auf dieser Welt, die überirdischen Ursprungs sind, die in diesem Klima nicht gedeihen und eigentlich Herolde, rufende Boten eines bessern Daseins sind. Unter diese Blumen gehört vorzüglich Religion und Liebe.

Das höchste Glück ist seine Geliebten gut und tugendhaft zu wissen. Die höchste Sorge ist die Sorge für ihren Edelsinn.

Aufmerksamkeit auf Gott und Achtsamkeit auf jene Momente, wo der Strahl einer himmlischen Überzeugung und Beruhigung in unsre Seelen einbricht, ist das Wohltätigste, was man für sich und seine Lieben haben kann.

Den 16ten April.

Die Fröhlichkeit löst allmählich alle Bande. Daher schickt sie sich nicht für die Jahre und Stände, wo die Erhaltung und Befestigung jener Bande eine heilige, höhere Pflicht wird; Eheleute dürfen nicht mehr jenen jugendlichen Festen beiwohnen. Ein milder Ernst ist ihre nötige Stimmung, und eine klare Besonnenheit, eine Hütung ewiger Verhältnisse ihr Beruf.

Wem es einmal klar geworden ist, daß die Welt Gottes

Reich ist, wen einmal die große Überzeugung mit unendlicher Fülle durchdrang, der geht getrost des Lebens dunkeln Pfad und sieht mit tiefer, göttlicher Ruhe in die Stürme und Gefahren desselben hinein.

Den 17ten April.

Ein schuldloses Herz, und Bewußtsein eines guten Willens und einer lobenswerten Tätigkeit steht unter allen beruhigenden Mitteln oben an.

Den 23sten April.

Wo schläft ein Kind wohl sicherer, als in der Kammer seines Vaters.

Den 25sten Junius 1800.

Heftige Gewitter und andre Unterbrechungen des bürgerlichen Lebens sind poetische Irruptionen und Heilkräfte des einschlummernden Lebensgenusses.

Den 22sten Julius.

Es gibt unendlich viel unbekanntes Unglück, aber es gibt auch gewiß unendlich viel unbekannte Wohltaten Gottes.

Die äußern Umstände machen schlechterdings nicht unser eigentliches Glück oder Unglück aus, sondern sie sind nur die willkürlichen Sprachzeichen eines unbekannten innern Geistes, dessen Dasein oder Entfernung

jene Nuancen bestimmt. Der wahre glückliche oder un-
glückliche Zustand ist schlechthin unbestimmbar und
individuell. Jede Stunde, wo man von Unglück reden
hört, ist eine Erbauungsstunde.

Den 27sten Julius.

Ich will nicht klagen mehr, ich will mich froh erheben
Und wohl zufrieden sein mit meinem Lebenslauf.
Ein einzger Augenblick, wo Gott sich mir gegeben,
Wiegt Jahrelange Leiden auf.
Wenn man recht fleißig an die unendliche Unsicherheit
der menschlichen Glücksgüter denkt, so muß man end-
lich gleichgültig und mutig werden.

Alle *Ängstlichkeit* kommt vom *Teufel*. Der *Mut* und
die *Freudigkeit* ist von *Gott*.

Was ist eine ängstliche Stunde, eine peinvolle Nacht,
ein trüber Monat gegen die lange, glückliche Ewigkeit.

Ist denn J(ulie) glücklicher und sichrer mit mir, als
mit Gott?

Nur Glauben, Herr, und Zuversicht,
So fürcht' ich mich für mich und die Geliebte nicht.

Die Zukunft ist nicht für den Kranken – nur der Blick
des Gesunden kann sich dreist in ihre wunderlichen
Wogen verlieren. Unglück ist der Beruf zu Gott. Heilig
kann man nur durch Unglück werden, daher sich auch
die alten Heiligen selbst in Unglück stürzten.

Wo Sophie und Erasmus wachen, kann ich wohl ruhig
sein.

Laß uns unsern Herrn im Himmel loben,
Glauben kommt und Heiterkeit von oben.

Alles, was wir Zufall nennen, ist von Gott.

Mußte nicht Christus seine Mutter auch unendlich leiden sehn? O! er weiß, wie einem zumute ist, wenn man seine Geliebten leiden sieht, weil wir leiden.

Du hast so viele Lieben um dich und genießest so wenig ihre Liebe.

Die Liebe sollte eigentlich der wahre Trost und Lebensgenuß eines echten Christen sein.

Wenn nur körperliche Unruhe nicht immer Seelenunruhe würde! Auf den Körper läßt sich nicht immer wirken; aber in der Seele sollte man sich die Herrschaft mit Gottes Hilfe zu erwerben suchen, um recht ruhig zu sein. Ist die Seele ruhig, so wird auch der Körper bald beruhigt.

Man sollte sich schämen, wenn man es nicht mit den Gedanken dahin bringen könnte zu denken, was man wollte. Bitte Gott um seinen Beistand, daß er dir die ängstlichen Gedanken verjagen helfe. Lerne nur erst einen ängstlichen Gedanken auch gleich als solchen kennen. Mit innigem Gebet und festem Vorsatz ist vieles möglich. Sobald du ängstlich wirst und traurige, bängliche Vorstellungen sich dir aufdringen, fange an recht herzlich zu beten. Gelingts die ersten Male nicht, so gelingts gewiß mit der Zeit.

Hat man Gott im Herzen, so grübelt man nicht. Man hat nur Eine große, erhebende Empfindung in seiner Seele. Aus dem göttlichen Gesichtspunkte gibts keine Wolken – da ist nur Ein Glanz, Eine Herrlichkeit. Der

Mann ist anders, als das Kind. Mannsein kommt von Gott. Die Alten waren immer fröhlich. Was nicht gleich helfen will, hilft nach gerade. Nur nicht den Mut und den Glauben verloren. Stelle dir vor, du seist ein Fremder und müßtest dich trösten – Würdest du da nicht oft sagen – Herr, sein Sie kein Kind! Die Bänglichkeit geht vorüber – Ein Mann und Christ muß auch Bangigkeit geduldig ertragen. Heißt das Christentum, so kleinmütig zu sein? Habt Ihr denn nicht einen Funken Stolz und Scham in Eurem Herzen? Schämt Euch, großer Mensch, vor Euch selbst. Hat Euch darum der liebe Gott so harte Prüfungen zugeschickt, daß Ihr gleich verzagen müßt? Es wird besser, und statt kindlich dankbar zu sein, bangt Ihr wie ein Weib.

Wer eine reizbare Seele hat, bei dem weckt ganz natürlich die Gegenwart Eines Unglücks die ganze Schar des andern Unglücks auf, und nun gehts im Sturm und Zittern alles bunt durcheinander, ohne Verstand und Überlegung

Den 1sten September.

Heute hatte ich einen äußerst gesegneten Tag. Nur früh einige leise Anwandlungen von Ängstlichkeit. Nachher den ganzen Tag unaussprechlich ruhig, stark, mutig, frei und gelassen. Ich habe Gott recht herzlich gedankt. Ach! um meiner guten Julie willen; auch wegen meiner andern Lieben. Ich sehe schon tausend Früchte dieser trüben Stunden. Die Liebe der Meinigen und andrer guter Menschen, die Pflichten gegen Kranke und Notleidende, das hohe Glück der innern Gesundheit und

Ruhe, die innigere Änhänglichkeit an Gott und Jesus, der Trost eines unbescholtenen Lebenswandels und eines sanften, gutmütigen Bezeugens gegen andere Menschen – alles ist mir klarer, deutlicher und kräftiger geworden. Auch über die Natur der Angst und die Mittel, sie wenigstens zu mäßigen, habe ich einige wohltätige Erfahrungen gemacht. Sobald eine *bestimmte* Empfindung kommt, ist die Angst weg. Die Angst ist ein Schwanken, eine Ungewißheit, meist körperlich. Der Gesunde ist immer ruhig, selbst unter den schlimmsten Umständen.

Am 6sten September.

Wenn man sich nur immer recht lebhaft sagen könnte, daß die Angst meist körperlich ist. Mein Magen hat mir lediglich vorgestern und gestern die trüben und unruhigen Stunden verursacht. Heute früh währte es nur eine Weile. Sobald ich den Magen gestärkt, ward ich unbeschreiblich ruhig und heiter, und habe so bis jetzt zugebracht. Die Welt wird dann in einem Augenblick anders. Selbst das Traurigste erscheint mild, und man findet wieder an allem Behagen – an Arbeiten, Gehn, Sitzen, Gesellschaft etc. Alle Hoffnungen erwachen; der Nebel verschwindet, und der innigste Dank gegen Gott erfüllt uns auf das Wohltätigste. Ruhe ist der wahre Zustand des Menschen. Für den Ruhigen ist jede äußre Lage erträglich, und selbst angenehm. Es ist nicht das fatale Treiben zu spüren, und selbst Langeweile erträgt sich leicht. Dem Ruhigen ist alles leicht und bequem. Alle Vorstellungen, alle Gedanken an Religion werden kräftig und erfreulich, und die wahrhaft himmlische Lust der Tätigkeit erwacht mit Kraft.

Ich kann noch lange Blut auswerfen — aber wird das helfen, daß ich mich jedesmal von neuem ängstige? Angst schadet — Mut stärkt. So ein Zufall verliert sich nicht gleich. Des Herrn *Wille* geschehe — nicht der Meinige. Ich muß darauf gefaßt sein und denken, es wird sich schon nach gerade verlieren. Hat es der Doktor doch zwei Jahre gehabt. Geduld und Ergebung in den Willen Gottes sind die besten Hilfsmittel. Auch diese Läuterung soll ich empfahen. Gott weiß die Zeit der Krankheit, denn jegliche Krankheit hat ihre Zeit. Fein kindlich, das ist das Beste. Es ist nichts schwerer, als mit sich selbst Geduld haben — seine eigne Schwachheit zu tragen. Gott hilft zu allem.

ANMERKUNGEN ZU
FRIEDRICH VON HARDENBERG
GEN. NOVALIS.

Georg Philipp Friedrich von Hardenberg wurde am
2. Mai 1772 in dem an den östlichen Ausläufern des
Harzes gelegenen Oberwiederstedt als zweites von elf
Kindern des (seit 1784) kursächsischen Salinendirektors
Heinrich Ulrich Erasmus von Hardenberg und seiner
Frau Auguste Bernhardine geboren. Er kam 1785 nach
Weißenfels. In Sachsen und Thüringen finden wir seine
Lebensstationen: Die Metropole Dresden, die Universi-
tätsstädte Jena, Leipzig, Wittenberg und Freiberg, die
Klein- und Mittelstädte Artern, Eisleben, Kösen, Lan-
gensalza und Tennstedt, die Landgemeinden Dürren-
berg, Grüningen, Lucklum und Schlöben.

Auch wenn das heute noch stehende Elternhaus, früher zugleich Sitz des Salinenamtes, in der Weißenfelser
Klosterstraße 24 das Zentrum des Lebens und Schaffens
von Novalis bildete, so waren seine Aufenthalte in der
Saalestadt nie von längerer Dauer. 1790 bezog er das
Gymnasium in Eisleben, um dann Rechtswissenschaf-
ten, Mathematik und Philosophie in Jena (wo er als
begeisterter Verehrer Schillers Aufnahme in dessen Fa-
milienkreis fand), Leipzig und Wittenberg zu studieren.
In den Jahren 1794-97 war er in Tennstedt als Aktuarius
im Verwaltungsdienst und in Weißenfels als Akzessist in
der Salinendirektion tätig. Der Tod seiner fünfzehnjäh-
rigen Braut Sophie von Kühn im März 1797 hatte ihn
seelisch zutiefst aufgewühlt, was zu einer schwärmeri-

schen Novalis-Legende führte. Die Realität sieht allerdings anders aus: Hardenberg wandte sich nunmehr verstärkt den Wissenschaften zu. »Nach höheren Zwekken, von einem höheren Standpunkte« aus beschäftigte er sich intensiv mit Politik und Philosophie, Recht und Medizin, Chemie, Physik, Geschichte, Religion und ökonomischen Fragen. Weltoffen und lebensfroh ging er seinem geliebten Beruf nach, verlobte sich erneut im Dezember 1798 mit Julie von Charpentier und machte große Zukunftspläne.

Im Mai 1798 erschien im ersten Stück des »Athenaeum«, der programmatischen Zeitschrift der deutschen Frühromantik, unter dem Titel »Blüthenstaub« eine Fragmentsammlung, als deren Autor ein »Novalis« zeichnete. Der Verfasser hatte das 1797 entstandene Manuskript – zunächst unter dem Titel »Vermischte Bemerkungen« – im Februar 1798 an A. W. Schlegel geschickt und falls ein »öffentlicher Gebrauch« vorgesehen sei, das Pseudonym »Novalis« vorgeschlagen, nach einer älteren Nebenlinie der Familie, die sich nach einem Besitztum »von Rode(n)« oder latinisiert »de Novali« bezeichnete. Das »Blütenstaub-Fragment« ist nicht nur das erste ausgereifte publizierte Werk Hardenbergs, es steht auch am Beginn eines bedeutenden, wenn nicht des wichtigsten Lebensabschnittes dieses Dichters. Nicht umsonst hat es der Herausgeber an die Spitze dieser Auswahl gestellt.

Um sich Fachwissen für seine berufliche Entwicklung zu erwerben, studierte Friedrich von Hardenberg 1797 bis 1799 an der berühmten Bergakademie Freiberg im sächsischen Erzgebirge. Es war die schöpferischste und ausgeglichenste Periode seines Lebens in der Einheit von naturwissenschaftlicher Ausbildung, Dichtung und philosophischem Denken. Die literarische Produktion dieser Jahre, die für ihn nur »Nebensache« und »Bildungsmittel« war, ist enorm: Nach »Blütenstaub« erschien »Blumen« sowie »Glauben und Liebe«, er nahm die Arbeit an den »Lehrlingen zu Sais« auf, die »Dialogen« und der »Monolog« wurden zu Papier gebracht. Ein vierwöchiger Kuraufenthalt im böhmischen Modebad erbrachte im Sommer 1798 die »Teplitzer Fragmente«. 1799 entstand, von Hardenberg als »Rede« konzipiert, der geschichtsphilosophische Aufsatz »Die Christenheit oder Europa«. Die aufschlußreichsten Zeugnisse seiner Studien sind eine Fülle von Niederschriften von Gedanken, Auszügen, Aphorismen und Fragmenten, d. h. fortlaufende Notizen, in denen sich seine romantische Philosophie und Poetik ausgeformt haben. Diese sollten vermutlich auch als Vorarbeiten für weitere Fragmentveröffentlichungen dienen, zu denen es aber nicht mehr kam. Nach einem kurzen aber hochproduktiven Leben starb Friedrich von Hardenberg am 25. März 1801 in Weißenfels »an der Auszehrung«.

Die vorliegende Auswahl läßt die enge Wechselbeziehung zu dem frühromantischen Freundeskreis um die Brüder Schlegel ebenso erkennen, wie zu den geistigen Strömungen sowie den geschichtlichen Ereignissen der Zeit, die in der Französischen Revolution gipfelten. Es wird deutlich, daß das praktisch-berufliche, das theoretische und das dichterische Werk von Friedrich von Hardenberg eine geschlossene Einheit bildet, daß die Synthese von Poesie, Naturwissenschaften und Philosophie ganz in seinem Sinne ist. Die auch editorisch bedingte einseitige Würdigung seiner dichterischen Leistungen hat zu Übersteigerung, Legendenbildung und Mystifizierung geführt. Seine philosophischen Studien wurden aus den ursprünglichen, den wahren Sinn erst stiftenden Zusammenhängen gerissen, beliebig angeordnet und mehr als Basis seiner Dichtungen interpretiert, denn als eigenständige Denkarbeit gewertet. Über ein Jahrhundert lang hielten die Herausgeber der Schriften des Novalis seine naturwissenschaftlichen, medizinischen und technischen Arbeiten für nicht mitteilenswert. Dieser unzulässigen Einschränkung der universalen Persönlichkeit Friedrich von Hardenbergs ein wenig entgegenzuwirken, auch dazu wird die vorliegende Auswahl beitragen.

Ingo Bach

DIE GRENZE DER DARSTELLBARKEIT

Die Aphorismen und Fragmente des
Friedrich von Hardenberg.

*Zu gleichen Teilen
meinen Kindern
Johanna und Felix,*

sowie

Herrn Dr. Herbert Scheidt, Kaiserslautern.

»Der echte Lehrer ist ein Wegweiser.
Ist der Schüler in der Tat wahrheitslustig,
so bedarf es nur eines *Winks*,
um ihn finden zu lassen,
was er sucht.«

Novalis, Logologische Fragmente (5).

Aphorismen sind für Friedrich von Hardenberg »Texte zum Denken«[1], »literarische Sämereien«[2], »Bruchstükke des fortlaufenden Selbstgesprächs«[3] in sich, manchmal aber auch lediglich »Spielmarken . . . von transitorischem Wert«[4]. Richtungsgebende Denkanstöße sollen sie sein, *Anfangs*sätze für Gedanken, da nur das Unvollständige begriffen werden und uns weiterführen kann: »Das Vollständige wird nur genossen. Wollen wir die Natur begreifen, so müssen wir sie als unvollständig setzen, um so zu einem unbekannten Wechselgliede zu gelangen«[5]. Unvollkommenheit als »bewußtes Formprinzip, das dem Leser die Möglichkeit läßt, den Denkakt des Verfassers in sich selbst schöpferisch nachzuvollziehen und ihn weiterzugestalten, indem er nun wie der Verfasser in sich selbst das Tiefere, Ursprüngliche in der ihn umgebenden, so vertrauten Welt erahnt«[6].

»Die Möglichkeit der Philosophie beruht auf der Möglichkeit Gedanken nach Regeln hervorzubringen, wahrhaft gemeinschaftlich zu denken. (Kunst zu symphilosophieren) Ist gemeinschaftliches Denken möglich, so ist ein gemeinschaftlicher Wille, die Realisierung großer, neuer Ideen möglich«[7]. Das Ziel des Novalis, der symphilosophierende, d. i. der energisch mitdenkende Leser, wurde zugleich zum Hauptanliegen der Romantik: *Das Ich*, die jeweils eigene Bildung und Phantasie sollen gefördert, bereichert werden, »das Leben eines denkenden Menschen« ist nichts »andres als eine stete innere Symphilosophie«[8]. Auch aus diesem

Grund muß das romantische Kunstwerk bruchstückhaft sein: Schließt sich der Ring tatsächlich in einer letzten, alles umfassenden Synthese, ist die Romantik überwunden. Eine Bereicherung kann nicht mehr stattfinden.

Friedrich Nietzsche, der tiefer im deutschen Idealismus verwurzelt war, als er es zeitlebens wahrhaben wollte, schreibt zum Thema Aphorismus: »Ein Aphorismus, rechtschaffen geprägt und ausgegossen, ist damit, daß er abgelesen ist, noch nicht ›entziffert‹; vielmehr hat nun erst dessen *Auslegung* zu beginnen, zu der es einer Kunst der Auslegung bedarf«[9].

Das Fragment muß, im Gegensatz zum Aphorismus, »gleich einem kleineren Kunstwerke von der umgebenden Welt ganz abgesondert und in sich selbst vollendet sein wie ein Igel«[10]. Es ist »der Fond aller wirksamen Meinungen und Gedanken der Alltagswelt«[11]. Fragmente erinnern in ihrer Vollkommenheit an die verlorene Totalität des Goldenen Zeitalters. Sie sind Zeugen einer Zeit der Vergangenheit, die ständig gegenwärtig bleibt, einer Zeit, in der »Vögel, Tiere und Bäume gesprochen haben«. Novalis' Gedanken kreisen ständig um das Problem einer Ästhetisierung der Welt, d. h. der Wiederherstellung dieser großen, alles umfassenden Einheit durch Poetisierung = Romantisierung der Welt. So – und nur so – »findet man den ursprünglichen Sinn wieder«[12]. Das Produkt der Aufklärung, der ohnmächtige, hilflos dem Weltgeschehen ausgelieferte, zur Vernunft gebrachte Mensch hat aber keinen Sinn mehr für den tieferen Sinn der Welt. Ihm fehlt das entsprechende Organ dazu, das Herz. Dieses »ist der Schlüssel der Welt und des Lebens«[13].

Die äußere Form des Aphorismus entspricht der veränderten Stellung der Frühromantiker zur Welt: Alle Aktivität wird gesehen als der vergebliche Versuch, innerhalb der menschlichen Endlichkeit das unerreichbare Ideal zu erreichen. Dieses vielen sinnlos erscheinende Streben verleiht aber der menschlichen Existenz erst ihren Sinn. Da alles Äußere lediglich als Symbol eines Innern gesehen wird, vollzieht sich das neue Denken der neuen Zeit auch in einer neuen Form. Die romantische Aphorismen- und Fragmentsammlung ist die nach außen gespiegelte Gefühls- und Seelenlage des Autors, hier berühren sich Innenwelt und Außenwelt[14].

Ebenso neu wie Form und Inhalt der Texte ist die angewandte Sprache: Einerseits wird das zu durchdenkende Problem fast beschwörend genannt (»Freunde, der Boden ist arm, . . .«, Blütenstaub-Motto), andererseits ist die Sprache von Novalis begrifflich unscharf, geheimnisvoll und vieldeutig. Unendlich sind die Deutungsmöglichkeiten, wahre »Ideenparadiese« öffnen sich dem dafür offenen Leser. Er bedient sich einer höchst diffizilen Kombination von Bildern aus völlig verschiedenen Bereichen, christlichen Begriffen werden neue Bedeutungen zugeordnet, verschiedene Wissenschaftssprachen werden parallel benutzt. Novalis begründet dies mit der Erhöhung des Assoziationspotentials der einzelnen Metapher um ein Vielfaches[15], seine Tropen- und Rätselsprache[16] ist einzigartig in der deutschen Literaturgeschichte.

Eine Aphorismen- und Fragmentsammlung ist ein organisches Ganzes: Sehr kurzen Fragmenten, manchmal nur zwei Zeilen, werden längere Passagen zugeordnet. Auf diese Art werden dem Leser die vielfältigsten und nicht immer vorhersehbaren Analogien deutlich, diskursiv werden die bewußten Zusammenhänge entwickelt. Beim Lesen des gesamten Textes erst ergibt sich die höhere Assoziationsordnung. Diese ist es, worauf es Novalis anlegt. Der reine Buchstabensinn der Worte erfaßt nur einen Bruchteil des tatsächlich Gemeinten, rein rationalistisches Denken muß bei ihm stets in die Irre führen.

Da die ursprünglich vorliegende Idee, der reine Gedankenblitz, allein schon von seiner Form her unbrauchbar ist, muß er umformuliert werden: aus dem »philosophischen Blitzlicht« wird eine Frage. Diese »Aufgabe«, die Novalis seinen Lesern stellt, ist »ihrer Natur nach *nötigend*. Ich muß mich damit beschäftigen sie zu lösen.« (Sie muß) »wenn ich sie höre, mir keine Ruhe lassen – bis ich sie vollständig *vernommen*, verstanden habe – Sie (muß) in mich eindringen und mich dadurch nötigen, in sie einzudringen«[17]. Das so aufgeworfene Thema wird in der Folge aber nicht analytisch angegangen; um den freien Spielraum der ursprünglichen Idee zu erhalten, werden gedankliche Verbindungsstücke abgelehnt. Für Novalis charakteristisch ist der kategorische Ton, der eventuelle Zweifel an der Autorität des Verfassers bereits im Keim erstickt. Da der Leser weder bevormundet noch entmündigt, sondern durch eigene Anstrengung der Lösung des Problems nähergebracht werden soll, muß darauf geachtet werden, daß die rhetorische Gewalt des Behauptens und die gedanklichen Voraussetzungen niemals an die Oberfläche treten. Nur unausgesprochen vermögen sie die

Schwelle des Bewußtseins zu unterlaufen, und so im Leser als »Maulwurf« ihre Aktivität zu entfalten, ihre verschlungenen Gänge, ihre Fluchtwege aber auch Vorratskammern anzulegen.

Mit der Fragmentsammlung »*Blütenstaub*« tritt Friedrich von Hardenberg 1798 zum erstenmal mit einem größeren Text an die Öffentlichkeit. Zuvor ist von ihm lediglich das Gedicht »Klagen eines Jünglings« in Wielands »Teutschem Merkur« 1791 erschienen. Mit diesem Gründungsmanifest des deutschen Idealismus gibt Novalis der gesamten Bewegung prägende Denkanstöße. *Magischer Idealismus* – so nennt er selbst seine Art der Weltbetrachtung. Geboten ist sie aufgrund der Tatsache, daß die *reine Vernunft* nicht nur nicht dazu in der Lage ist, die tiefere Wirklichkeit der Welt zu erkennen, sie existiert für sie überhaupt nicht. Entweder verstellt sie uns den Blick auf die Welt, so wie sie wirklich ist, indem zwischen uns und sie Abstraktes, »Zahlen und Figuren« geschoben werden, oder sie zerstückelt die Welt analytisch und verzerrt sie auf diese Art. Für Novalis kann wahre Erkenntnis nur gewonnen werden mittels einer Synthese zwischen Intuition und Ahnung, nur damit läßt sich der Schleier ein wenig lüften. Von der Realität kann nur ein Teil – der banalste – verstanden werden. Novalis aber gibt sich damit nicht zufrieden, er sucht nicht (wie vielerorts behauptet) nach der »Tiefe des Gemütes«, sein Interesse gilt überwiegend dem Plan des Geistes, nach dem das ganze Weltall gebaut sein muß: Zwar geht der geheimnisvolle Weg nach Innen[18], aber – »Wer hier stehn bleibt, gerät nur halb. Der zweite Schritt muß wirksamer Blick nach Außen, selbsttätige, gehaltne Beobachtung der Außenwelt sein«[19], denn: »Was ist die Natur? – ein enzyklopädischer systematischer Index oder Plan unsers Geistes«[20]. Oder: »Die Welt ist ein *Universaltropus* des Geistes – Ein symbolisches Bild desselben«[21]. Wer diesen Bauplan des Universums zu erkennen und die Hieroglyphenschrift zu entschlüsseln vermag, kann selbst Welten bauen. Es sind die Dichter, die verfahren wie ein Weltenschöpfer: Die metaphysische Sphäre des schöpferischen Weltgeistes erschließt sich ihnen durch die imaginative Welt, die ihre Worte und Bilder geboren haben. »Die Naturgesetze sind so nur die nach außen projizierten Artikulationen der Wesensgesetze des Geistes: Die Innenwelt hat das Primat vor einer durch sie erst entstehenden Außenwelt«[22]. Keinesfalls handelt es sich um bequemverantwortungslose *Fluchten* in dubiose intellektuelle Scheinwelten, vielmehr gilt es, intellektuelle und emotionale *Strapazen* auszuhalten. Dichten und Erkennen, das innerste Geheimnis der Natur schauen – für Novalis ist das Eine ohne das Andere unvorstellbar, einem fließenden Gleichgewicht entspricht ihre enge Wechselbeziehung.

Was zuvor in den »Vermischten Bemerkungen«, so die Überschrift der Druckvorlage für »Blütenstaub«, als Denkmuster der romantischen Weltanschauung und Programm des magischen Idealismus entwickelt worden war, wird in »*Glauben und Liebe . . .*« und den »*Politischen Aphorismen*« in die (romantische) Praxis umgesetzt, d. h. übertragen auf den preußischen Staat am Ende des 18. Jahrhunderts. Novalis' Plädoyer für die Monarchie ist an keiner Stelle eines für die vorhandene, sondern für diese Herrschaftsform an sich, es ist transitorisch. Durch die Gegenüberstellung des real existierenden Staates mit den staatstheoretischen Ideen des Romantikers wird einerseits das Preußentum, so wie es ist, kritisiert, andererseits wird der romantische Idealstaat mit Hilfe einer sich selbst erfüllenden Prophezeiung womöglich ».... dem Sein und der Möglichkeit des Geborenwerdens um einen Schritt näher geführt«[23]. Nur auf diese Art ist eine Annäherung der Realität an die Utopie überhaupt machbar, durch die »Supposition des Ideals des Gesuchten« – dies »ist die Methode es zu finden«[24]: »Die ganze Repräsentation beruht auf einem Gegenwärtig machen – des Nicht Gegenwärtigen ... (Wunderkraft der *Fiktion*). Mein Glauben und Liebe beruht auf *Repräsentativen Glauben*. (...) – hier ist Amerika oder Nirgends – das goldne Zeitalter ist hier – wir sind Zauberer – (...)[25]. »Handelnd stellt der Glaube erst her, was er glaubt. Und je mehr er Handeln veranlaßt, desto mehr wird er sich seiner gewiß;« (...). Richard Faber, der in seinem Buch interessante Parallelen zieht zwischen Ernst Blochs »Prinzip Hoffnung« und den Schriften des Novalis, schreibt nicht zu Unrecht: »Novalis hat nicht resigniert und schon vor Bloch die Bloch'sche Hoffnung nicht verraten«[26].

In den »*Teplitzer Fragmente*(n)« wird der »magische Idealismus« zum erstenmal beim Namen genannt (Nr. 56). Es stellt sich nun heraus, daß es sich dabei um das geheime Zentrum vieler der bis zu diesem Zeitpunkt notierten aphoristischen Aufzeichnungen handelt. Obwohl sich viele Aphorismen und Fragmente mit »Philologie« und literarischen Problemen beschäftigen, bleibt das »tägliche«, »gewöhnliche« Alltagsleben das Hauptthema dieses noch von Friedrich von Hardenberg selbst zusammengestellten Textes. Dieses ist für Novalis der Ausgangspunkt des magischen Idealismus. Keine versponnene Schwärmerei also, wie sie ihm so oft vorgeworfen wird, sondern eine ganz konkrete, durchaus reale Basis. Mit dem Begriff des »magischen Idealismus« hat Novalis dem Mittelpunkt seines Denkens den Namen gegeben, der später für die gesamte Epoche charakteristisch sein wird.

Die Auswahl aus dem Konvolut der *Aphorismen und Fragmente* aus der Zeit von 1798-1800 muß sich in diesem Rahmen auf einige Schwerpunkte konzentrieren. Eine feste Grenzziehung zwischen den einzelnen Punkten ist nicht möglich: Der »Magische Idealismus« spielt *die* entscheidende Rolle in der »Religionsphilosophie«, die »Romantische Theorie« ist die Grundlage der »Romantischen Literaturwissenschaft«, aus der wiederum die moderne Germanistik hervorging. Sollte man einen gemeinsamen Nenner all dieser Aphorismen und Fragmente suchen, findet er sich als *die* dominierende Tendenz des Hardenbergschen Denkens wie von selbst: Allgemein gesprochen ist es der feste Glaube an die Realisierbarkeit von Utopien. Novalis begreift die Zukunft als bereits gegenwärtig, weil sie für ihn das Wesen der (Menschen-)Welt darstellt: Die harmonische Verbindung von Mensch und Natur, ewiger Friede und ewiges Leben, die Wiederkehr des Goldenen Zeitalters aus der Frühgeschichte der Menschheit – dies sind nur verschiedene Formulierungen für die alles begründende Grundüberzeugung des Novalis: Die Menschheit »wäre nicht Menschheit, wenn nicht ein tausendjähriges Reich kommen müßte. Das Prinzip ist in jeder Kleinigkeit des Alltagslebens, in allem sichtbar. Das Wahre erhält sich immer – das Gute dringt durch – der Mensch kommt immer wieder empor . . .«[27] Friedrich Schlegel bringt es auf den Punkt, wenn er in einem Brief an seinen Bruder schreibt: »Das Studium der Philosophie hat ihm [Novalis] üppige Leichtigkeit gegeben, schöne philosophische Gedanken zu bilden – er geht nicht auf das wahre sondern auf das schöne – [. . .] – mit wildem Feuer trug er mir einen der ersten Abende seine Meinung vor – es sei gar nichts böses in der Welt – und alles nahe sich wieder dem goldenen Zeitalter. Nie sah ich so die Heiterkeit der Jugend. Seine Empfindung hat eine gewisse Keuschheit die ihren Grund in der Seele hat nicht in Unerfahrenheit«[28].

Die *Tagebucheintragungen* vom 15. April bis 6. September 1800 belegen, daß die Philosophie für Friedrich von Hardenberg mehr als ein kurzweiliger Zeitvertreib ist. Mit ihrer Unterstützung versucht er von frühester Jugend an, seinem Leben »mehr Festigkeit, mehr Bestimmtheit, mehr Plan, mehr Zweck« zu geben. Da er nie über eine robuste Natur verfügt, eher schwächlich und weich veranlagt ist, scheint ihm dieses Ziel durchaus sinnvoll. Philosophie im herkömmlichen Sinne soll, nach seiner Auffassung, nur Anstöße bieten zum echten Philosophieren. Philosophieren »an sich« ist Handeln und Tätigkeit, niemals etwa bloßes Darstellen oder gar passives Sich-Treiben-Lassen. Friedrich von Hardenberg gibt sich den aufkommenden Depressionen angesichts seiner tödlichen Krankheit nicht hin. Er überlegt vielmehr, wie Krankheiten im allgemeinen sinnvoll genutzt werden könnten. Mit kindlichem Gottvertrauen gelingt es ihm, das seelische Tief nicht nur zu überwinden, er nimmt sein Schicksal dankbar an. Der Tod hat seine Schrecken über ihn verloren. Idealistisch überhöht sieht er in ihm den Durchgang zu einem höheren Leben. Für Novalis ist die menschliche Sterblichkeit ein Vorzug höherer Naturen, ermöglicht sie doch erst durch die Auferstehung des Geistes eine stetig aufstrebende Evolution[29].

Novalis' Balance auf dem haarfeinen Grat zwischen den Möglichkeiten der Darstellung durch Sprache und enervierendem Kitsch und blanker Trivialität ist *die* Problematik der Romantik katexochen. Was Friedrich von Hardenberg zu sagen hat, entzieht sich der Sprache im herkömmlichen Sinne. Im Moment des Artikulierens erweist sich die gesamte Problematik als hinfällig. Wie sollte der Autor mit den Mitteln der Sprache das Wesen der Poesie verständlich machen, ohne seinerseits ebendiese zu bemühen? Seine philosophische und literaturwissenschaftlich-theoretische Position erweist sich als einziges Darstellungsproblem, die Unabschließbarkeit der Reflexion auf das Absolute und die Verknüpfung jedes Einzelgliedes mit der Idee vom Ganzen[30] entziehen sich beharrlich *jeder* sprachlichen Bemächtigung.

Wer sich mit der prosaischen Alltagswelt, der nüchtern betrachteten Welt des Aufklärungsverstandes abgefunden hat, wird mit Novalis nicht viel anfangen können – zu lesen und zu verstehen sind seine Texte nur mit viel Glauben und Liebe. Hermann Kurzke schreibt dazu in seinem Novalis-Buch:

»Man sollte nicht zu billig urteilen. Unsere Zeit hat kein Recht, über den Idealismus zu spotten, oder muß sich doch wenigstens hüten, alles, was sie nicht versteht, soweit herabzusetzen, bis es in ihre niedrigen Kategorien paßt«[31].

Wir alle sind – mehr oder weniger – Opfer des Positivismus: Wahr ist nur, was sich beweisen läßt. Friedrich von Hardenberg will den Menschen begreiflich machen, daß es ein Geheimnis jenseits der empirischen Welt geben muß. *Wozu sonst leben, wenn alles so wäre, wie es erscheint?* Sein Werk läßt sich vereinfacht reduzieren auf diese Frage. Mag er auch in philosophischen Dingen immer ein Dilettant im ursprünglichen Sinne des Wortes geblieben sein: mit dieser Frage berührt er uns alle. Im Computerzeitalter stutzt er damit die Gutwilligen unter uns wieder zurück auf eine vernünftige menschliche Größe.

Michael Brucker

ANMERKUNGEN

Paul Kluckhohn, Richard Samuel (Hg.), »Novalis. Schriften. Die Werke Friedrich von Hardenbergs«. Hist.-krit. Ausgabe in vier Bänden und einem Begleitband, Stuttgart 1977³, 1981³, 1983³, 1975², 1988¹, im folgenden abgekürzt mit HKA sowie Band- und Seitenangabe.

1 HKA IV, 270
2 HKA II, 463
3 HKA IV, 242
4 HKA IV, 271
5 s. Kap. V, Aph. 56
6 HKA II, 409
7 s. Kap. V. Aph. 6
8 s. »Blütenstaub«, Nr. 20
9 Friedrich Nietzsche, »Zur Genealogie der Moral«, Leipzig 1887, Vorrede.
10 A. W. Schlegel, Fr. Schlegel (Hg.), »Athenaeum«, Berlin 1798-1800 (3 Bände), Ersten Bandes Zweytes Stück, S. 54.
11 HKA II, 593
12 HKA II, 545
13 s. »Tepl. Fragmente«, Nr. 62
14 s. »Blütenstaub«, Nr. 19
15 Hans-Joachim Mähl, Richard Samuel (Hg.), »Novalis. Werke, Tagebücher und Briefe Friedrich von Hardenbergs«, München, Wien 1978 (3 Bände); Hans-Jürgen Balmes, »Kommentar« (Bd. 3), S. 340f.
16 s. »Glauben und Liebe . . .«, Nr. 1 u. 2
17 HKA II, 540
18 s. »Blütenstaub«, Nr. 16
19 ebd. Nr. 24
20 HKA II, 583
21 s. »Tepl. Fragmente«, Nr. 30
22 s. Anm. 15, Balmes, 409
23 Hermann Hesse, »Das Glasperlenspiel«, Zürich 1943, Schlußsatz des fingierten Mottos.

24 HKA III, 373
25 HKA III, 421
26 Richard Faber, »Novalis. Die Phantasie an die Macht«, Stuttgart 1970, S. 61ff.
27 HKA II, 291
28 HKA IV, 571f
29 HKA I, 67
30 s. Anm. 15, Balmes, 339
31 Hermann Kurzke, »Novalis«, München 1988, S. 30.

ZU DIESER AUSGABE

Für die von Novalis noch selbst veröffentlichten Fragmentsammlungen
»Blütenstaub« und »Glauben und Liebe . . .« wurden die autorisierten
Erstdrucke als Vorlage zu dieser Ausgabe benutzt. Die zuverlässigsten
Erstdrucke der »Politischen Aphorismen« und der »Teplitzer Fragmente«
konnten anhand eines genauen Textvergleiches mit der Historisch-kriti-
schen Ausgabe eindeutig identifiziert werden. Für Kapitel V wurden aus
einem schier unerschöpflichen Fundus die aussagekräftigsten Aphorismen und Fragmente zu den Themenschwerpunkten ausgewählt, die
Friedrich von Hardenberg sein Leben lang beschäftigten. Als zuverläs-
sigste Textgrundlage erwies sich auch in diesem Fall die Novalis-Ausgabe
von Ernst Heilborn (1901).

I. Blütenstaub. Nach dem Erstdruck in: »Athenaeum«, hg. v. A. W. Schlegel und Fr. Schlegel, Berlin, 1798, Ersten Bandes Erstes Stück, S. 70-106.

II. Glauben und Liebe oder Der König und die Königin. Nach dem
Erstdruck in: »Jahrbücher der Preußischen Monarchie unter der Regierung von Friedrich Wilhelm III.«, hg. v. F. E. Rambach, Bd. II, Berlin,
1798, S. 269-286 (Juli-Heft).

III. Politische Aphorismen. Nach dem Erstdruck in: »Novalis. Schriften«, hg. v. Fr. Schlegel, L. Tieck, E. v. Bülow, Berlin, 1846, S. 212-220
(Bd. 3).

IV. Teplitzer Fragmente. – Ergänzungen. Nach dem Erstdruck in: »No-
valis. Schriften. Kritische Neuausgabe auf Grund des handschriftlichen
Nachlasses«, hg. v. Ernst Heilborn, 2 Theile in Drei Bänden, Berlin, 1901,
S. 128-158.

V. Aphorismen und Fragmente 1798-1800. Nach dem Erstdruck in: Heilborn, 1901 (s. IV.), S. 82-660 (Auswahl). [1] 387 [2] 386 [3] 353 [4] 355
[5] 89f. [6] 104 [7] 166 [8] 109 [9] 117 [10] 196 [11] 116 [12] 124 [13] 126
[14] 167f. [15] 318 [16] 308 [17] 191f. [18] 304 [19] 352 [20] 304f. [21] 108
[22] 96 [23] 206 [24] 393 [25] 105 [26] 343 [27] 364 [28] 119 [29] 96 [30] 301
[31] 327 [32] 88 [33] 195 [34] 390 [35] 208 [36] 306 [37] 317 [38] 315
[39] 200 [40] 277 [41] 213 [42] 174f. [43] 629 [44] 187 [45] 186 [46] 200
[47] 189 [48] 330 [49] 330 [50] 111f. [51] 125 [52] 650 [53] 650 [54] 215

[55] 299 [56] 104f. [57] 183 [58] 346f. [59] 363 [60] 183 [61] 304 [62] 118
[63] 355 [64] 301 [65] 190 [66] 305f. [67] 654 [68] 95 [69] 289 [70] 325
[71] 177 [72]94 [73] 94 [74] 278f. [75] 352 [76] 330 [77] 341 [78] 336f.
[79] 113 [80] 122 [81] 190 [82] 216 [83] 398 [84] 654 [85] 379f. [86] 82
[87] 95 [88] 83 [89] 90 [90] 92 [91] 353 [92] 281 [93] 332 [94] 290 [95] 297
[96] 367f. [97] 324 [98] 328 [99] 335 [100] 363 [101] 363 [102] 159 [103] 112
[104] 170 [105] 203 [106] 169f. [107] 170 [108] 212 [109] 212 [110] 204
[111] 220 [112] 653 [113] 652f.

VI. Tagebuchaufzeichnungen (15. April-6. September 1800). Nach dem
Erstdruck in: Heilborn, 1901 (s. IV.), S. 290-295.

Umschlagabbildung: Eduard Eichens, Friedrich von Hardenberg gen. Novalis. Stich nach dem Gemälde eines unbekannten Malers. 1845.

Klassische deutsche Literatur
im insel taschenbuch

161/1/8.91

Klassische deutsche Literatur
im insel taschenbuch

Klassische deutsche Literatur
im insel taschenbuch

Klassische deutsche Literatur
im insel taschenbuch

161/4/8.91

Klassische deutsche Literatur
im insel taschenbuch

161/5/8.91